AF567773

Damals in der Heimat im Böhmerwald

Erinnerungen an

Fürstenhut ⊙ Buchwald ⊙ Hüttl
Mühlreuter Häuser ⊙ Scheureck

Damals in der Heimat
im Böhmerwald

1. Auflage 1992
Gesamtherstellung
Karl Keusch, Oberaudorf
Texte:
Michael Selbitschka, Emil Spitzenberger, Paul Rodem, Karl Keusch
Titelbild:
Zeichnung L. Rosenberger, koloriert Karl Keusch
Morsak Verlag

2. Auflage 2022, Reprint
Morsak Verlag in Zusammenarbeit mit dem Böhmerwaldheimatkreis Prachatitz e.V.
Wittelsbacherstr. 2
94481 Grafenau
info@morsak.de
Tel.: 08552 4200
info@morsak.de
ISBN 978-3-86512-186-8

Inhalt

Seite

Die Besiedelung von Fürstenhut 6
Das Schicksalsjahr 1945 8
Auszüge aus einem Tagebuch 9
Das Wulda-Lied, die Entstehung 48
Die Ortschaft Scheureck 50
Die Patenschaft 57
Die Entstehung des Johanni-Treffens in Finsterau . 58
Das Heimatfest 1926 62
Die Grundeinlösung 70
Gefallenen-Gedenktafel 97

Ortspläne mit Namensverzeichnis der letzten Bewohner

Fürstenhut 21
Buchwald 35
Mühlreuter Häuser und Hüttl 44
Scheureck 52

Gedichte und Lieder

Monner von Fürstenhut 25
An Buchwald 36
Als Richterbub 39
De Buchada Buam 42
Buchwald 43
Abend in Buchwald 47
Hoamaterd 47
Auf d' Wulda 48
Tief drin im Böhmerwald 73

Erzählungen lustiger Begebenheiten

Das Schneiderheisl 15
Gigazn – Stottern 17
Der Seppei und der Durst 25
Die Zigarette 27
Lungenentzündung 28
Der 1. April 34
Das Motorrad 40
Quitschei fangen 46
Die Unterröcke von Scheureck 53
Der Überfall 54

Seite

Die Flucht 55
Der Sonderzug 61
Das Schlachtfest 75
Der neue Hut 76
Die neue Toilette 78
Aufstoßen – Wett-Koppen 82
Leberwurst 83
Die Schriftsprache 85
Wir wurden zu Saufratzen 86
Schweinezüchter 92
Die Schmugglerinnen 98
Die Pralinenschachtel 102
Das Gewitter 104
Die Zigarre 108
Die Liebestragödie 109
Der Hodalump'n Franzei 110
Das Gebäck der Frau Förster 111
Die Handschuhe 113
Die Wespen auf der Tenne 119

Alte Bilder

Fürstenhut 12
Kirche 22
Kriegerdenkmal 30
Friedhof 31
Buchwald 36
Moldau-Ursprung 47
Scheureck 53
Finsterau 57
Nachbarorte 60
Holzverarbeitung 74
Schulklassen 84
Hochzeitsbilder 89
Heuernte 91
Musterung und Soldaten 94
Gruppenbilder und einzelne Personen . . . 98/122
Mädchen 116

Anschrift des Autors:
Karl Keusch, Bad-Trissl-Str. 4, 8203 Oberaudorf

Liebe Leserinnen und Leser,

das Buch „Damals in der Heimat im Böhmerwald“ ist erstmals im Jahr 1992 erschienen, im gleichen Jahr, in dem der Friedhof der Pfarrgemeinde Fürstenhut von engagierten ehemaligen Bewohnern vorbildlich renoviert wurde. Für die noch in Fürstenhut und in den umliegenden Ortschaften Geborenen und nach dem Ende des Zweiten Weltkrieges Vertriebenen hat Karl Keusch mit diesem Buch seinem Geburtsort ein bleibendes Denkmal gesetzt.

Karl Keusch, der in Oberaudorf im Landkreis Rosenheim nahe der österreichischen Grenze lebte, ist 2008 verstorben. Sein erzählerisches Talent und sein Humor sind allen, die ihn kannten und schätzten, in guter Erinnerung. Regelmäßig besuchte er die Heimattreffen im bayerischen Finsterau und stellte das umfangreiche Fotomaterial aus dem alten Fürstenhut dem Böhmerwaldheimatkreis Prachatitz zur Verfügung, es wird heute im Heimatmuseum in der Patenstadt Ingolstadt aufbewahrt.

Seit dem Erscheinen des Buches sind 30 Jahre vergangen, in denen sich Fürstenhut und seine Umgebung zu einem beliebten Treffpunkt für Wanderer, Radtouristen und Skilangläufer entwickelt hat. Alljährlich besuchen die Fürstenhuter und ihre Nachkommen gemeinsam mit den tschechischen Nachbarn den Friedhof zum Johanni-Fest am Wochenende nach dem 24. Juni und feiern einen gemeinsamen Gottesdienst. Die zerstörte Dorfkirche war Johannes dem Täufer geweiht, an dieser Stelle wird der Gefallenen und Verstorbenen gedacht. Die Betreuung von Friedhof und Kirchenplatz hat die Gemeinde Borová Lada (Ferchenhaid), zu der das heutige Knížecí Pláně gehört, übernommen. Den Initiatoren dieser umsichtigen Übergabe, allen voran Franz Strunz aus Aigenstadl, und den Verantwortlichen in Borová Lada gebührt dafür Dank und Anerkennung.

Das alte Fürstenhut – seit 1946 weitgehend unbewohnt und 1956 völlig dem Erdboden gleichgemacht – existiert nicht mehr. Die von Karl Keusch aufgezeichneten Erinnerungen und die von ihm gesammelten Fotos erinnern an eine Zeit, die längst vergangen ist. Da die erste Auflage schon kurz nach dem Erscheinen vollständig vergriffen war, fasste der Morsak Verlag gemeinsam mit dem Böhmerwaldheimatkreis Prachatitz den Entschluss, zum dreißigjährigen Jubiläum der Ersterscheinung ein Reprint zu veröffentlichen. Ein großes Dankeschön gilt allen am Projekt Beteiligten und der Familie Keusch/Brandmüller für die Zustimmung zur Neuauflage.

Durch viele Vorfahren mit Fürstenhut, Buchwald, Hüttl, den Mühlreuter Häusern und Scheureck verbunden, war es mir auch ein persönliches Anliegen, das Andenken und die Erinnerung an die „Schöne Ebene“ für nachfolgende Generationen zu erhalten.

Dr. Gernot Peter

Vorsitzender des Böhmerwaldheimatkreises Prachatitz e.V.

Juni 2022

Vorwort

Das Ziel dieses Bildbandes ist es, zu dokumentieren, wie es im Böhmerwald einmal war. Wie Menschen unter den härtesten Bedingungen, im wahrsten Sinne des Wortes aus einem Urwald ein blühendes Land schufen. Wie leicht es aber für Verantwortliche ist, mit ein paar Federstrichen den Enkeln und Urenkeln ihr zustehendes Erbe wegzunehmen und unsagbares Leid über Millionen von Menschen zu bringen. Auch dem tschechischen Volk hat die Vertreibung der Deutschen eigentlich nichts gebracht. Anfangs konnte man sich zum Teil an den zurückgelassenen Werten noch bereichern. Und was ist jetzt? Das einst blühende Land, in dem das Leben pulsierte, liegt stellenweise zum Teil und andernorts wieder ganz brach. Hier wohnten einst fleißige Menschen, die das Herz am rechten Fleck hatten und denen trotz der vielen harten Arbeit noch der Schalk im Nacken saß.

Nicht Nationalismus soll durch dieses Buch entstehen, nein, nicht Zorn, Haß oder Rachegefühle geschürt werden. Zeugnis soll dieses Buch von der Vergangenheit geben. Jeder kann und soll sich seine Gedanken über das Land und das Schicksal der Menschen machen.

Und wenn einmal, ganz gleich wo und wann, angeregt durch diese Worte und Bilder, nur ein ganz klein wenig mitgeholfen werden könnte, solch unsagbares Leid zu verhindern, wäre das höchste Ziel dieses Werkes erreicht.

Der Autor

Die Besiedelung von Fürstenhut

Von Karl Keusch

In Kurzfassung, denn eine ausführliche Schilderung würde den Rahmen eines Bildbandes sprengen.
Der Wald war bis ins 17. und 18. Jahrhundert für die Grundherren wertlos. Es gab keine Verkehrswege, das Holz konnte nicht abtransportiert werden.
Es hieß: „Das Holz, das all da erwachset, nach der Zeit umfallen und verfaulen muß."
Von einzelnen Grundherren wurde die Besiedelung des Böhmerwaldes ab dem 17. Jahrhundert planmäßig betrieben. Der Grundherr von der „Schön Ebene" war der Fürst von Schwarzenberg. Er ließ sich mit der Besiedelung am meisten Zeit. Im Westen und im Süden am Teufelsbach sowie am Rotbach grenzte das reichsunmittelbare Hochstift Passau an des Fürsten Grund. Vom Norden und zum Teil auch im Westen schob sich ein Stück Grund vom Gut Großzdikau heran.
Um die Wende des 17. und 18. Jahrhunderts gründeten die Fürstbischöfe von Passau die Grenzorte: Zwölfhäuser, Höhenbrunn, Heinrichsbrunn und Finsterau. Im Gut Großzdikau wurden in der zweiten Hälfte des 18. Jhs. der Ort Buchwald und auf dem schmalen Gebietsstreifen zwischen passauischem und winterbergischem Gebiet der kleinere Ort Hüttl gegründet. Es waren „Dominikaldörfer", was später von großer Wichtigkeit sein sollte.
Über die Entstehung und die Besiedelung von Buchwald und Hüttl wird in diesem Buch nicht berichtet. Dies hat Herbert Fastner in seinem Lebenswerk „Erinnerungen an Buchwald" sehr ausführlich und deutlich geschildert. Ich empfehle allen Heimatfreunden dieses Buch. Es ist erschienen im Morsak Verlag, Grafenau, und ist dort erhältlich.
Rund um des Fürsten Grund wurde nun besiedelt. Er kam langsam in Zugzwang. Um die Mitte des 18. Jahrhunderts entstanden auf des Fürsten Grund die Orte: Ferchenhaid mit Neubusk, Birkenhaid, Elendbachl und 1775 die ersten sechs Häuser von Scheureck.
Beim Fürsten liefen nun Jahr für Jahr Bittschriften aus der Nachbarschaft ein, „man möge ihnen gestatten und geruhen an den Passauer und Zdikauer Grenzen auf der Schön Ebene ein Dorf zu errichten." Die Bittsteller wurden auf das zu erwartende Steuerwerk von Maria Theresia und Josef, das sogenannte Steuerregulierungsgeschäft vertröstet.
Das schönste Holz des Fürsten stand auf der „Schön Ebene" und war immer noch nicht zu verwerten. Da es keine Straßen gab, war man auf den Abtransport zu Wasser angewiesen.
Die passauische Hofkammer war in der Errichtung von Schwemmbetrieben ihren böhmischen Nachbarn weit voraus. Sie boten daher dem Fürsten an, das Holz der „Schön Ebene" für einen Triftbetrieb am Röt- und Teufelsbach zu kaufen.
Nachdem man sich über den Preis nicht einigte – die Passauer wollten nur 3–6 Kreuzer für ein Klafter Holz bezahlen – überlegte man beim Fürsten, ob man das Holz nicht doch selber abtransportieren könne. Dies war wahrscheinlich der letzte Anstoß, das Gebiet der „Schön Ebene" zu besiedeln.
Von Ferchenhaid konnte Anfang der 90er Jahre (1790) schon auf der Moldau geschwemmt werden.
Nun konnte man auch drangehen, das Holz von der „Schön Ebene" zu schwemmen und Holzhauer anzusiedeln. Langsam begann die Besiedelung. Fürstenhut war eines der jüngsten aber auch eines der größten Holzhauerdörfer.
Vom Waldrevier Ferchenhaid wurde 1792 ein Gebiet abgetrennt und das Grenzrevier von der „Schön Ebene" geschaffen, um die Holzschwemme auf dem Moldaubach besser betreiben zu können.
Ein Forsthaus und ein Hegerhaus wurden errichtet. Sie erhielten den Namen „Fürstenhut", als die Wacht, die Hut des Fürsten an der Grenze zu den Grundeignern Bistum und Großzdikau.
Gegen Süden am Rotbach stand schon mitten im Urwald die Reifmühle. Sie wurde im Jahre 1750 von Herrn Reif als Sägewerk mit einem Wohnhaus errichtet. Das Wasser vom Rotbach diente als Kraftantrieb.
Gegen Buchwald entstanden in den 90er Jahren mit den Forsthäusern zwei Holzhauerhäuser. Die ersten Holzhauer hießen Josef Rothbauer und Peter Harant. Nun begann die Schlägerung des Holzes auf der „Schön Ebene". Bis zum Jahre 1800 schwammen schon mehrere tausend Klafter Holz auf dem Moldaubach hinunter.
1799 erwarb der Fürst jenseits des schmalen Gutstreifens Großzdikau die große Herrschaft Stubenbach mit einem riesigen Waldbesitz. Er ließ einen großen Schwemmkanal errichten, so daß das Holz von der Wottawa über die Moldau bis nach Prag verschwemmt werden konnte. Nun brauchte der Fürst Holzhauer. Im Jahre 1800 genehmigte er endlich die Errichtung einer Holzhauersiedlung bei der Försterei Fürstenhut und auf der „Schön Ebene" für 48 Holzhauerfamilien. Die meisten Bauplätze wurden an Bewerber aus dem königlichen Freigericht Stachau vergeben. Ihr Anführer Johann Kortus zog gleich mit den ganzen Familien in den Wald.
Die Bedingungen waren für die Siedler hart. Deshalb richtete Kortus an den Fürsten eine Bittschrift, um die Bedingungen an verschiedenen Stellen zu erleichtern. Als Gegenleistung bot er an: „Mit Weib und Kind täglich Gott den Allmächtigen für das hohe Wohl Seiner Fürstlichen Durchlaucht um himmlischen Segen anzuflehen." Nachdem die übrigen Holzhauer mit den „gewöhnlichen Bedingungen" einverstanden waren und noch viele Bewerber darauf warteten, Gehör zu finden, wies der Fürst die Bittschrift ab. Kortus zog daraufhin mit seinen Stachauern wieder ab, um sich anderweitig umzusehen, da um diese Zeit im ganzen Gebiet Holzhauersiedlungen errichtet wurden. Nur acht Bewerber von Kortus' Leuten blieben, die sich auf der „Böhmseitn" ansiedelten.
Nun war Platz für andere Interessenten. Die kamen aus

der Herrschaft Stubenbach, der Herrschaft Winterberg, aus dem Gut Großzdikau und aus dem Bistum, wie das Hochstift Passau genannt wurde.
Die vom Bistum kommenden Bewerber haben sich auf der „Bojerseitn", die von Stachau auf der „Böhmseitn" und die übrigen auf der „Interseitn" und bei den „Dreihäusern" angesiedelt. Die Verträge mit den Siedlern stammen aus den Jahren 1802 und 1803.
Die Siedler rodeten zuerst den Grund, dann bauten sie auf eigene Kosten die Häuser darauf. Nur das Bauholz wurde ihnen kostenlos zugewiesen.
Der Fürst bestimmte alles, z. B. wie die Häuser sein mußten: Sie durften nur aus einer Stube, einer Kammer und einem Stall bestehen, wobei der Grund der Häuser, also das Erdgeschoß aus Stein sein mußte. Die Ansiedler waren im Gegensatz zu den freiwillig verdingten Holzarbeitern „verpflichtete" forstliche Holzhauer, das war die härteste Form der Ansiedlung.
Jetzt lernte man erst richtig und hautnah kennen, wie hart die Bedingungen für die Siedler waren.
Für die so erstellten Häuser wurde den Siedlern ein jährlicher Haus- und Grundzins von einem Gulden und 20 Kreuzern auferlegt.
Die Obrigkeit behielt sich auch das Recht vor, die Häuser jederzeit gegen Entschädigung „anheimzuziehen".
Jeder Holzhauer war für sich und seine Nachkömmlinge vertraglich verpflichtet „in den obrigkeitlichen Wäldern einhundert Klafter Scheitholz zu einem Lohn von 15 bis 23 Kreuzer je Klafter zu schlagen." Jeder konnte auch für andere Arbeiten verpflichtet werden. Jahrelang gingen die meisten Fürstenhuter durch die Lusenwälder über den Pürstling ins Stubenbachische zum „Scheidahaun" oder zum „Gramamocha", wo sie die ganze Woche über blieben und in „Holzhauer- bzw. in Rindenhüttn" übernachteten.
Dazu kam eine Robotschuldigkeit von jährlich 26 Handrobotstagen. Arbeiteten die Holzhauer in den Stubenbacher-Waldungen am Lusen und Rachel, so wurden ihnen für die Hin- und Rückwege 16 Robottage erlassen.
Für den Lebensunterhalt wurden jedem Holzhauer neun Strich Waldfläche zugeteilt. Die Holzhauer mußten diese Waldflächen roden, aber nur soweit „die Holzhauerpflicht" dies zuließ. Zwei Strich von der zugeteilten Fläche durften Felder werden und sieben Strich mußten Wiesen werden. Alle Gründe blieben obrigkeitliches Eigentum. Für diese Gründe mußte auch Pachtzins bezahlt werden.
An Viehbestand durften nur zwei Melkkühe gehalten werden. Auch das Aufziehen eines Kalbes neben den Kühen war nicht erlaubt. Ebenso war das Halten von Ziegen oder Schafen „bey Strafe der Confiskation des mehr befundenen Viehs" verboten. Verschiedene zusätzliche Klauseln vervollständigten die harten Bedingungen.
Die Verpflichtungen der Fürstenhuter waren weder strenger noch leichter wie bei den übrigen „verpflichteten Holzhauern" im ganzen Böhmerwald. Der Grundobrigkeit mußten sie „schuldigen Gehorsam und Treue" geloben. Diese wiederum war in jedem Dorf durch den strengen fürstlichen Förster verkörpert und immer gegenwärtig. In diese Verhältnisse kam erst 1848 Bewegung. Durch das Patent des Kaisers Ferdinand vom 7. September 1848 wurde die Untertänigkeit und das Schutzobrigkeitsverhältnis aufgehoben. Der arme Untertan wurde frei.
Dies betraf in erster Linie die Rustikalbauern. Bei den Dominikaldörfern war die Umsetzung des Patents schon etwas schwieriger, weil die Dominikalisten zum Teil Pacht- und zum Teil erbeigentümliche Gründe hatten. Aber am wenigsten profitierten die „verpflichteten Holzhauer", zu denen die Fürstenhuter gehörten. Bei ihnen wurden z. B. die 26 Handrobotstage sowie das Wiedereinlösungsrecht unentgeltlich aufgehoben. Entgeltlich wurde der Hauszins aufgehoben, d. h. gegen eine einmalige Zahlung von sieben Gulden und fünf Kreuzern wurde der Hauszins eingelöst.
Nun hagelte es Bittgesuche der „verpflichteten Holzhauer", vor allem der Fürstenhuter beim Fürsten und beim Kaiser in Wien. In einer Bittschrift hieß es, daß „sie niedriger gestellt seien als ein hochobrigkeitlicher Jagdhund."
Die Fürstenhuter und die anderen Gemeinden ersuchten, daß „der Fürst verhalten werden möchte", ihnen die widerruflichen Pachtgründe gegen einen angemessenen Ablösungsbetrag oder gegen einen billigen und umwandelbaren Zins ins Eigentum zu überlassen. Der Nazi-Wenzei ging mit einem Begleiter zu Fuß zum Kaiser nach Wien, um dort Hilfe zu bekommen – leider vergebens. Man verwies ihn zurück an den Fürsten. Das Recht war nach den Verträgen klar auf Seiten des Fürsten. Die Bitten und Beschwerden der „verpflichteten Holzhauer" waren vergebens – sie waren erfolglos. Der Fürst hatte die unbegründete Befürchtung, wenn die Gründe ins Eigentum der Siedler übergingen, daß er dann keine Holzhauer mehr hätte.
Jahrzehntelang gingen nun Bittschriften und Beschwerden zum Fürsten, bis endlich 1913 für die Fürstenhuter ein Teilerfolg zu verzeichnen war. Also über hundert Jahre nach der Rodung und Besiedelung konnten in Fürstenhut wenigstens die Zinsgründe im Inneren der Dorfgemarkung eingelöst werden.
Aber erst das Gesetz vom 27. Mai 1919 über die Sicherung von Boden für Kleinpächter machte die „verpflichteten Holzhauer" zu freien unabhängigen Menschen. Dieses Gesetz ermöglichte es ihnen, die Gründe vom Hause Schwarzenberg in ihr Eigentum einzulösen.
Nach Dr. Kubitscheck waren es vor allem fünf beherzte Fürstenhuter, die sich für Fürstenhut und die übrigen Zinsgründe des Böhmerwaldes ohne „Rast und Ruh" einsetzten und die jahrzehntelangen Bemühungen um die „Grundeinlösung" zum Erfolg führten. Es waren dies: Franz Treml, Johann Strunz, Michael Razisberger, Wilhelm Neubauer und Josef Seewald.
Die Befürchtungen des Fürsten, daß er nach der Grundeinlösung keine Holzhauer mehr hätte, stellten sich als unbegründet heraus. Nach wie vor verdienten die Fürstenhuter als ständige Arbeiter im Wald ihr Brot. Die Familien waren zum Großteil sehr kinderreich. Der Wald

und der karge Boden konnte nicht alle ernähren. Viele mußten ihren Lebensunterhalt in der Fremde verdienen. Groß war die Zahl derer, die „ins Amerika" auswanderten. Ja, es hieß, daß man in allen Erdteilen Fürstenhuter antreffen kann.
Als einziges „Obst" wuchs an den Bäumen die rote Vogelbeere, die im Herbst ganze Scharen von „Quitschei" (Wacholderdrossel) anlockte. Auf dem kargen Boden wuchsen Kartoffeln, Kraut, Rüben und der Hafer reifte gerade noch. Und doch war den Fürstenhutern, ob daheim oder in der Fremde „die Hoamat" – wahrscheinlich weil um den Boden soviel Schweiß und Blut floß – der liebste und schönste Platz auf der ganzen Welt.
Keine 30 Jahre nach der Grundeinlösung wurden die Deutschen aus dem Böhmerwald vertrieben. Millionen Menschen wurden heimatlos. Dieser schwere Schicksalsschlag traf auch die Bewohner der Pfarrgemeinde Fürstenhut. Ihre so hart erkämpfte, heißgeliebte Heimat mußten sie auf diese schändliche Art verlassen und wurden in alle Winde verstreut. Auf sie kamen schwere Jahre in bitterster Not zu. Durch Fleiß und Tüchtigkeit haben sich alle wieder eine neue Heimat geschaffen und einen Wohlstand erreicht, den man sich im Schicksalsjahr 1945 nicht mehr zu erträumen wagte.

Das Schicksalsjahr 1945

Von Michael Selbitschka
ehemaliger Gemeindesekretär von Fürstenhut

Der Zweite Weltkrieg hat am 01. 09. 1939 begonnen und endete mit einer vollständigen Kapitulation des Deutschen Reiches am 08. 05. 1945.
Im Oktober 1938 kam das Sudetengebiet, ohne kriegerischen Akt, an Hitler – Deutschland. So wurde auch unsere Heimat, der Böhmerwald, an Bayern angegliedert. Und so kam es, als der Krieg im Jahre 1939 aufbrannte, daß auch unsere wehrpflichtigen Männer sofort eingezogen wurden und an der Seite der deutschen Soldaten kämpften.
Nach Kriegsende wurde durch das Potsdamer-Abkommen von den Siegermächten (USA, UdSSR, England, Frankreich) festgelegt, daß sämtliche Deutsche und Ungarn die Tschechoslowakei verlassen müssen.
Präsident der Tschechoslowakei war Dr. Eduard Benesch, der sich während des Krieges in England und später in Rußland aufhielt. Dessen sehnlichstes Ziel war, die Deutschen und die Ungarn aus der ČSR zu treiben. Dem Wunsche wurde entsprochen, und so mußten alle Deutschen und Ungarn unter Zurücklassung von Grund und Boden, Haus und Einrichtungen die Heimat verlassen. Viele Familien verließen bei Nacht und Nebel ihre vielgeliebte Heimat und nahmen Zuflucht in den nächsten Häusern und Dörfern auf der bayerischen Seite. Viele fanden dort auch Unterkunft, andere aber mußten in sogenannte Auffanglager, und von dort wurden sie in verschiedene Orte abtransportiert und einquartiert. Die noch in der Heimat Verbliebenen wurden zu Transporten mit 10 oder mehr Familien zusammengestellt. Diese wurden auf ein Lastauto „verladen", durften pro Person 50 kg von ihren Habseligkeiten mitnehmen und wurden in tschechische Lager gebracht. Anfangs wurden die Leute aus unserer Gegend in das Barackenlager nach Prachatitz, später nach Winterberg gebracht. Der Zeitpunkt der Ausweisung wurde den Menschen erst 1–2 Stunden vorher mitgeteilt, so daß sie im letzten Moment vor lauter Aufregung nicht wußten, was sie eigentlich mitnehmen sollten. Beim Zusammenpacken stand schon ein tschechischer Posten dabei und nahm den Leuten, wenn noch ein guter Fetzen zum Vorschein kam, diesen weg. Dies war eine Aufregung sondergleichen.
Einige Tage vor dem Abgehen der Transporte wurde sämtliches Vieh, auch sämtliches Geflügel abtransportiert. Es war furchtbar, dies mitansehen zu müssen. Widerstand durfte nicht geleistet werden, wehe dem, der es wagte, nicht sofort alles preiszugeben.

Begebenheiten in unserem Dorfe, Gemeinde Fürstenhut mit 83 Häusern im Kreis Prachatitz im Böhmerwald, mit einer Seehöhe von 1040 m.

Mitten im Böhmerwald kam das Ende des furchtbaren Krieges am 8. April 1945. Man hörte schon Tage vorher Kanonendonner aus Richtung Mitterfirmiansreuth und Kreuzberg in Bayern, und man hoffte, daß die Amerikaner auch bald in Fürstenhut einrücken würden.
Es war an einem Sonntag. Die Leute gingen wie alle Sonntage in die Kirche, wo unser Pfarrer Schmidt Wenzel das Hochamt hielt. Kaum aber hatte das Amt begonnen, hörte man Kanonendonner ganz in der Nähe. Einige Leute verließen die Kirche, und man merkte, daß die Geschosse über die Kirche flogen. Alles eilte sofort aus Angst vor den Geschossen geduckt nach Hause. Man sah die Einschläge, und zwar in der Wiese beim „Pederl Johann" und „Kschiwei". Es entstanden große Trichter und die Häuser Nr. 3 und 4 sowie 80 wurden beschädigt. Einen Volltreffer bekam das Haus Nr. 3. mitten in das Dach. Dabei wurden der ganze Stall vernichtet und das Vieh verletzt. Die Nachbarin, die Schwester der Harant Anna, war gerade dort. Sie hatte ein Kind auf dem Arm und wollte im nahen Wald Schutz suchen. Es folgte gerade wieder ein Einschlag einer Granate, der den Grand wegriß, und ein großer Splitter verletzte das Kind am Gesäß und die Frau am Bauche, so daß der Magen freilag. Notdürftig verbunden durch einen herbeieilenden Arzt, der als Flüchtling bei Meisetschläger Alois Nr. 6 war, wurde die Frau Marie Strunz ins Krankenhaus nach Winterberg gebracht. Dort wurde sie verarztet und konnte nach 4 Wochen wieder entlassen werden.
Es wurden nahezu 40 Granat-Einschläge gezählt. Als die Schießerei zu Ende war, begaben sich einige Männer zu der Unglücksstelle, das schwer verletzte Vieh wegzubringen. Zu dieser Zeit fuhren viele Lastkraftwagen der Deutschen Wehrmacht in vollem Tempo von Ferchenhaid

kommend nach Buchwald, um angeblich noch nach Bayern weiterzufahren. Dahinter schon die Amerikaner, die sofort das Feuer auf die flüchtende Deutsche Wehrmacht eröffnete. Viele Soldaten sahen, daß es zwecklos war und ergaben sich. Trotzdem schossen die Amerikaner weiter und es wurden noch fünf deutsche Soldaten verwundet. Auch zwei Zivilisten, die Burschen Seewald Alois und dessen Bruder wurden verwundet. Die Leute versteckten sich in den Kellern, bis die Schießerei vorbei war. Die deutschen Soldaten wurden gefangengenommen und in die Kirche eingesperrt. Im Laufe des Nachmittags wurden beinahe alle Häuser in Fürstenhut mit amerikanischen Soldaten belegt. So war nun das ganze Dorf von Amerikanern besetzt, und jeder Einwohner dankte Gott, daß der Krieg endlich vorbei war.
Am Fronleichnamstag 1945 erschienen zum größten Schrecken der Bewohner junge Tschechen und suchten die Häuser durch, von oben bis unten. Wer nur das Geringste einwandte, wurde einfach geohrfeigt und mit Füßen getreten. Im Nu waren die Tschechen mit deutschen Pistolen und Gewehren ausgerüstet und plünderten die Häuser aus. Sie nahmen alles mit, Schmuck, Wäsche, Kleidung usw. Die Amerikaner ließen die Tschechen walten und plündern, kein Mensch konnte irgendwo sein Recht einfordern. Dieses Treiben ging in dieser Art und Weise fort bis zur endgültigen Vertreibung. Es wurde sofort ein tschechischer Kommissar eingesetzt, der alle Tage neue Vorschriften, die er selbst bestimmte, bekanntgab. So mußten z. B. alle Radios samt Zubehör sofort abgeliefert werden, alle Nähmaschinen, alle Fahr-und Motorräder, alle Uhren, Goldsachen, Taschenlampen, kurz alles, was halbwegs von Wert war. Es durfte kein Vorhang vor die Fenster gezogen werden, so daß die Tschechen jederzeit in die Wohnräume sehen konnten.
Alles wurde durchstöbert und selbst die Steinmauern wurden untersucht. Später verhaftete man die Parteifunktionäre, auch Frauen, und brachte sie selbst bis nach Prachatitz. Prügel und Fußtritte waren an der Tagesordnung. Die Leute verbargen sich in den Häusern und die Straßen waren leergefegt, denn die Angst unter den Bewohnern war groß, da die Tschechen blindlings herumschossen. Ein Beweis dafür ist, daß sich 4 Tschechen wegen Unvorsichtigkeit, auch betrunken, selbst erschossen.
Die Bewohner waren den Tschechen auf Gedeih und Verderb ausgeliefert, und so geschah es, daß viele Familien, bei Nacht und Nebel, ihre vielgeliebte Heimat verließen und Zuflucht suchten in den nächsten Häusern auf der bayerischen Seite; trotz der strengen Grenzbewachung durch die Tschechen gelang es den Flüchtenden über die Grenze zu kommen.
Anfangs wurden die Leute in Schuppen und Wohnungen untergebracht. Später wurden viele in Auffanglager gebracht und dann auf verschiedene Ortschaften verteilt. Manche hatten auch Unterschlupf bei ihren Bekannten und Verwandten gefunden.
Nach 4 Transporten war die Vertreibung der Fürstenhuter abgeschlossen, nun konnten die Tschechen nach ihrem Gutdünken schalten und walten.

Auszüge aus einem Tagebuch

vom 24. 12. 1945 bis 30. 6. 1946
Von Paul Roden

24. 12. 1945

Heute ist Heiliger Abend. Seit wenigen Tagen lebe ich im Böhmerwald, in Fürstenhut, im Elternhaus meines Vaters. Ich lebe hier illegal, bin vogelfrei.

Die Sonne strahlt. Tief verschneit ist der Wald. Alles ist festlich geschmückt mit weißen und bläulichen Kristallen. Alles ist ganz anders als die Welt, aus der ich komme. Aus den zerstörten Städten Deutschlands. Aus der Zone der Angst, aus der russischen Zone.

Ich habe Furchtbares gehört was sich im Sudetenland ereignet hat, in Aussig, Reichenberg, Gablonz, Trantenau, vor allen in Prag. Gott behüte dich, Böhmerwald, davor. Vor dem Austoben tierischer Instinkte . . .

Ich kann nicht darüber sprechen zu den Menschen meiner Waldheimat. Es würde sie nur ängstigen. Doch ich weiß es: die Tage die sie noch in der Heimat verleben dürfen sind gezählt.

Und heute ist Heiliger Abend. Die Kinder um mich sind voller Freude. Nur Tante geht stumm durch das Haus, mit Tränen in den Augen. Sie denkt an Onkel, der in Pisek im Kerker ist.

Meine Eltern leben hungernd in der russischen Zone. Sie sind heimatvertrieben und bald auch die guten Menschen hier.
Heute ist Heiliger Abend –

6. 1. 46

Der Schneesturm, der seit Sonntag rast, hat heute abgeflaut. Meine Gedanken gehen im Kreise. Wie ist es möglich, daß ein ganzes Volk zu rechtlosen, heimatlosen Bettlern gemacht werden kann.

Die Menschen hier wollen es nicht glauben. Sie sind nur schwer zu bewegen, einen Teil ihrer Habe nach Bayern, und so in Sicherheit zu bringen.

Ich sitze am alten Tisch, in meines Vaters Elternhaus. Am selben Tisch hat Großmutter gesessen. Dieselbe Lampe sendet ihr warmes Licht. Nur das Ticken und Schlagen der großen Pendeluhr klingt nicht mehr durch den Raum. Wir haben das alte Erbstück über die Grenze nach Bayern gebracht.

9. 2. 1946

Der Wind hat aufgefrischt. Die Wolkenschiffe haben es

sehr eilig. Es schüttet wie aus Kannen. Plötzlich Alarm: der Abteilungsleiter kommt. (Der Abteilungsleiter war der höchste Beamte der Grenzwache in Fürstenhut und Vorsitzender des Volksbefreiungs-Ausschusses. Er besaß also große Vollmachten).

Aus der Stube konnte ich nicht mehr, ich verschwand in die Kammer. Durch das Schlüsselloch konnte ich ihn sehen. Eine Mischung aus Bauer, Schelm und Verbrecher.

Es war nichts besonderes, was ihn ins Haus geführt hatte. Er holte nur seinen Tribut an Butter ab.

11. 2. 1946

Ich fühlte mich glücklich, hier bei den Menschen. Ich bin Blut von ihrem Blut. Alle sind lieb zu mir. Die Verwandten, die Nachbarn, auch die, die ich gar nicht kenne.

Mit Grausen denke ich zurück, an die Städte, an die Ruinen, über denen der Geruch erkalteten Rauches liegt, wo aus vermauerten Kellern der Pesthauch der Verwesung dringt und hungrige Menschen die Straßen füllen.

19. 2. 1946

Heute kam ganz glücklich der Pepperl-Veder zu mir und erzählte: „Paul, in Wien ist eine alte, reiche Frau und die hat den ganzen Böhmerwald mit lauter Gold gekauft. Paul wir können bleiben."

Glücklich strahlten seine Augen mich an. Ich ließ dem alten Mann die Freude.

12. 3. 1946

Die Vertreibung aus dem Böhmerwald hat begonnen. Winterberg, Wallern und Prachatitz, die Städte machen den Anfang. Die Wellen der Erregung schlagen bis an die Grenze. Vor dem gleichen Schicksal schützt Fürstenhut nur noch der Schnee.

Nun aber wird mit Gewalt geschafft. Die Nacht wird zum Tag. Wie Diebe, bepackt mit der mühsam erworbenen eigenen Habe, schleichen sich die Menschen über die grüne Grenze mit Schlitten, Koffern, Körben und Säcken, allein, zu zweit, in Gruppen, rettet man das Nötigste vor der tschechischen Raublust und dem Verderben.

6. 4. 1946

Heute kam tschechisches Militär. Von allen Seiten kamen sie. Von Außergefield, von Winterberg, von Kuschwarda. Bewaffnet bis auf die Zähne. Junge Burschen, mit verschlossenen Gesichtern. Wir gehen noch schnell über die Grenze. Mit einem Rucksack und einem Koffer bepackt.

Am Rückweg in der Nacht – es ist wie an der Front – dauernd fallen Schüsse, Pfiffe gellen.

Wir sitzen am Grenzbach in Deckung. Meine Augen versuchen die Dunkelheit zu durchdringen. Da Schritte, drei Schatten, eine Stimme flucht tschechisch. Wenige Schritte von uns, auf der anderen Bachseite geht die Patrouille an uns vorbei.

Das Mädl neben mir zittert am ganzen Körper. Wir müssen noch warten. Manchmal kommen welche nach.

Und schnell – einige Sprünge und wir verschwinden zwischen den mächtigen Findlingen am Steinberg.

Pfingsten 1946

Ich sitze unterm Ahornbaum am Berg. Margeriten haben die Wiesen in ein Sternenmeer verwandelt. Wie Jungfrauen in Tanzkleidern wiegen sich die Birken. Blauschwarz ragt der Wald. Am Lusen leuchtet noch Schnee. Friedlich steigt der Rauch noch aus vielen Häusern. Die Wege bunt getupft. Es sind die Kleider der Mädchen, die aus der Kirche kommen. Ich höre ihr Lachen. Heimat wie bist du schön.

27. 6. 1946

Von zwei Pöschl-Kindern, die noch eine Gans über die Grenze gebracht haben, erfahre ich, daß das Vieh aus den Ställen geholt und auf Lastautos verladen wurde.

29. 6. 1946

Mit brennenden Augen schaue ich nach Fürstenhut, wo in diesen Vormittagsstunden unsagbares Leid über die Herzen rollt.

Ich sitze hier in Bayern. Ohnmächtiger Haß läßt das Fernglas in meinen Händen zittern. „Seid tapfer, meine Landsleute und zeigt nicht euren Schmerz!"
Der Wind weht von Böhmen und bringt Fetzen eines Liedes mit. Oh, du großes, rätselhaftes deutsches Herz.

Singend nehmen meine Landsleute Abschied von der Heimat.

Sonntag, 30. 6. 1946

Ich war wieder an der Grenze. Fürstenhut ist gestorben.

Durch das Glas gesehen, liegt alles greifbar nah. Aus den Häusern steigt kein Rauch. Die Wege sind leer.

Am Friedhof, man kann die Kreuze zählen, liegen die Männer und Frauen, die vor 150 Jahren die ersten Lichtungen in den Urwald der Schönebene geschlagen und die Kinder, die den Raum erweitert haben. Ihre Enkel und Urenkel hat man gestern, wie Vieh, fortgetrieben. –

Liebe Leser!

Ich möchte beim Durchsehen dieses Bildbandes als Ihr Begleiter fungieren. Durch unsere schöne Heimat will ich Sie führen, Ihnen das eine oder andere erklären, Menschen vorstellen, die da gelebt haben. So manch lustige Geschichte ist mir eingefallen, die kann ich Ihnen dabei erzählen.
Wollen wir beginnen!

Der Autor

Ein typisches Bild des Böhmerwalddorfes. Breit, behäbig ducken sich die Häuser in die Landschaft. Im Vordergrund der Ambrosn Josef (29), links dahinter der Hedwign Isidorn Franzl (24) und rechts der Pschimichl Lukas (25). Oben das Peschl Wirtshaus, die Kirche und rechts der Pfarrhof.

Von Hüttl blicken wir auf die „Bojerseitn". Im Vordergrund d' Heger Bauer (2) und das Neuburger Gasthaus (1).

Das Pschelara-Haus (30) schaut mit dem Giebel her. Rechts daneben der Ambrosn Josef (29) dahinter d' Hedwign-Isidorn-Franzl (24). Oben drüber d' Peschl (58), die Kirche und der Pfarrhof (59). Links sehen wir noch d' Piusn-Marie (23) und rechts dahinter das Dach von der Schule (57).

Wir sind jetzt ganz hinten auf der „Interseitn". Rechts im Vordergrund der „Nader" (51), dann von links: Poitl Wilhelm (52), Poitl Franz (32), Peter Ratzisberger (53). Rechts dahinter Piusn Marie (23) und ganz links hinten d' Xoiverl Lukas (22). Im Hintergrund der schneebedeckte Lusen. Das waren von uns Kindern immer sehnsuchtsvolle Blicke zum Lusen. Denn solange dort Schnee lag, durften wir nicht „barfuß" gehen.

Die Aufnahme entstand in der Nähe vom „Fünfer". Das war der Grenzstein an der Waldspitze, die zwischen Fürstenhut und Scheureck ins Böhmische ragte. Wir schauen auf d' Interseitn, über Gasthaus Kölbl (35) hinweg bis nach Buchwald. Das Haus im Vordergrund, der Poitl Wilhelm (52), seines Zeichens Schuster.
Zu ihm sind wir bei Zahnweh vor Schmerz und Angst schlotternd gepilgert. Wir haben uns ganz nahe an seinen Schusterstuhl gesetzt. Unter sanftem Zureden packte er etliche Zangen aus – ganz steril natürlich – der Anblick der Zangen flößte uns neue Furcht ein. Mund weit auf – und mit einem perfekten Griff befreite er uns von den Peinigern.
Danke nochmals – Poitl Wilhelm!

Blick von der „Böhmseit'n. Zur Kirche, Pfarrhof (59) und Pöschl-Gasthof (58) im Vordergrund d' Schuasta-Adolfn-Franz (42).

Blick von der „Böhmseit'n" nach Buchwald.

„Das Schneiderheisl"

Wenn man von Ferchenhaid kam, war dies der erste Blick nach Fürstenhut: Fast versteckt unter den Bäumen sah man das Schneiderheisl.

Im Winter waren die Häuser so verschneit und verweht, daß zu den Fenstern und Türen richtige Gänge geschaufelt werden mußten. Neben den Gängen konnte man ohne weiteres bis aufs Dach steigen.

Die Straße nach Ferchenhaid wurde im Winter nicht geräumt. Die Schüler, die nach Winterberg zur Schule gingen, mußten die fünf Kilometer nach Ferchenhaid zu Fuß gehen, um dort um 6 Uhr früh den Bus zu erreichen.

Uns hat aber das total verschneite Schneiderheisl viel mehr interessiert als die Schule.

Bei einem Rundgang stellten wir fest, daß dort zum Brennholzschneiden schon Holzbock und Scheitholz hergerichtet waren. Wir nahmen beides und trugen es aufs Dach, stellten den Holzbock übern First und schichteten das Scheitholz darauf. Unser Blick fiel dann aufs „Häusl", das war die Toilette. Die meisten Häuser hatten vorm Haus eine „Schwelle" zum Anstauen von Wasser und damit wurden die Wiesen gedüngt. Über dieser „Schwelle" wurde nun das „Häusl" gebaut und fertig war schon vor hundert Jahren die „Wasserspülung". Das „Häusl" vom „Schneiderheisl" haben wir inspiziert und so lange gewackelt, bis die Holzpfosten brachen. Wir konnten nun das „Häusl" aus der Schwelle ziehen. Über einen Kilometer wurde es in Richtung Ferchenhaid mitgeschleppt. Am Waldrand stellten wir das Häusl mit der Beschriftung auf: „Öffentliche Toilette zur allgemeinen Benützung".

Als wir nach Ferchenhaid kamen, war unser Bus längst fort. So mußten wir eben die 20 km zu Fuß gehen.

In Fürstenhut hat man dann erzählt: Beim „Schneiderheisl" schneidn's des Johr 's Brennholz am Doch om.

Beim Ambros Josef ist ganz links im Bild das „Häusl" über der „Schwelle" gut zu sehen.

Im Vordergrund von links: Michei-Michl (5), Gasthaus Zelenka-Luisei (6), Posterer-Josef (72), Luisn Adolf (7), ganz rechts d' Metzger und davor Pechler Johann (50) und d' Schmid-Ottomar (55). Hinten von links: Gasthaus Kölbl (35/65), der Pfarrhof (59), die Kirche und die Schule (57).

Durch die Bildmitte von Buchwald über die Kirche nach Scheureck zieht sich die Europäische Wasserscheide. Das Wasser vom Kölbl fließt in die Moldau, weiter in die Elbe zur Nordsee. Das Wasser der „Bojerseitn" und der „Interseitn" kommt in den Teufels- bzw. Rotbach, von dort in den Reschbach und über die Ilz und Donau ins Schwarze Meer.

Der Standplatz des Fotografen war zwischen der „Interseitn“ und der „Böhmseitn“.

Fürstenhut von Buchwald. Von links: Michei-Michl (5), Zelenka-Luisei (6), Posterer Josef (72), mit der dunklen Giebelfront Luisn-Adolf (7). Ganz rechts v. hi. Metzger (64), Pechler Johann (50) und vorne d' Schmid Ottomar.

Von rechts: Heger-Bauer (2) links davon Neuburger Gasthaus (1), in der Mitte dahinter Hansl Hugo (8), ganz links Wilhelm Pepi (66/68). Das helle Haus dahinter d' Lukasn Michl (9) und dahinter drei nicht gut sichtbare Häuser (10, 11 und 12) beim Razisberger, Ludwikei und beim Lenzn-Toni. Dann folgt das große Haus vom Ondrel Franzl (14) und die Häuser 15 und 16 Hanzei-Hermann und Tahedl Julius. Ganz hinten v. l.: Gasthaus Kölbl (35/65), d' Ernesn-Hansl (78), d' Tahedl (77), der Pfarrhof (59) und die Kirche.

Bei der Rudolfn-Marie auf der „Böhmseitn".

Teilansicht der „Bojerseitn". Das große Haus in der Mitte d' Ondrel-Franzl (14) und rechts daneben Hanzei-Hermann und Tahedl Julius (15 und 16).

Gigazn – Stottern

Da fällt mir ein, der Pius hat mehr oder weniger gestottert und dazu haben wir gesagt „gigazn". Das Haus beim Pius hieß daher auch mit Spitznamen „beim Gigara".

Da hat einmal der Lehrer, als der Pius in der Schule gestottert hat, um seinen Vater geschickt. Der war gerade beim Mistfahren. So wie er war, noch mit der „Goaßl" (Peitsche) in der Hand, eilte er in die Schule. Der Lehrer, über die „Goaßl" selbst erschrocken und dem Stottern nahe, sagte: Herr Ko . . . Kortus, ihr Sohn stottert!"

Daraufhin meinte der Vater vom Pius:

W – w – waas. I – i – gi – gi – gigaz net, m – m – mei Wei gi – gi gigazt net u – u – und der Sa – Sa – Sau B – B – Bua m – m – muaß gi – gi – gigazn.

Wieder die „Bojerseitn“ vom Heger-Bauer bis zur Kirche. Nur sehen wir hier ganz links noch den Posterer Josef (72) und daneben die Straße die von Fürstenhut nach Buchwald führte.

Die „Interseitn“ von der Kirche bis zum Poitl Wilhelm. Dahinter Gasthaus Kölbl. Die Waldspitze links ist der „Fünfer“. Davor der Weg der von Scheureck nach Fürstenhut führte. Die Grundstücksabgrenzungen waren die Steinmauern. Beim Roden wurden diese Steine aus dem Waldboden geholt und an den Grundstücksgrenzen abgelegt. Es entstanden richtige Mauern, die über einen Meter hoch waren.

Haus-Postkarte vom Gasthaus Kölbl vom Altbau (35), der Neubau stand noch nicht.

Von Zweihäuser nach Fürstenhut gesehen – hier versteht man, warum dieses Gebiet die „Schöne Ebene“ hieß.

Der Pfarrhof.

Und nochmal eine Teilansicht von der „Bojerseitn". Von links Hanzei Hermann (15), dahinter der Tahedl (77), weiter d' Tahedl Julius (16), beim Kraubatn (17), Franda Poitl (18) und der Honsmichl Hansei (19). Dahinter die Schule (57). Der Peschl ist rechts von der Kirche noch zu sehen. Die lange Mauer links von der Kirche ist der Friedhof.

Brandstätte vom Haus 5, Michei-Michl. Abgebrannt am 30. Juli 1933.
Ein Haus ist ganz abgebrannt. Die „Micheilin" sah sich die Brandstätte an. Das ganze Ausmaß erkennend sagte sie: „Oh mei, seids ihr oami Leit. Ois is eich vabrennt, 's Haus, 's Vieh, 's Gflügl aa!" Da meinte die Tochter: „Oh na, d' Henna ham mia scho af d' Nacht vorher furtbrocht."

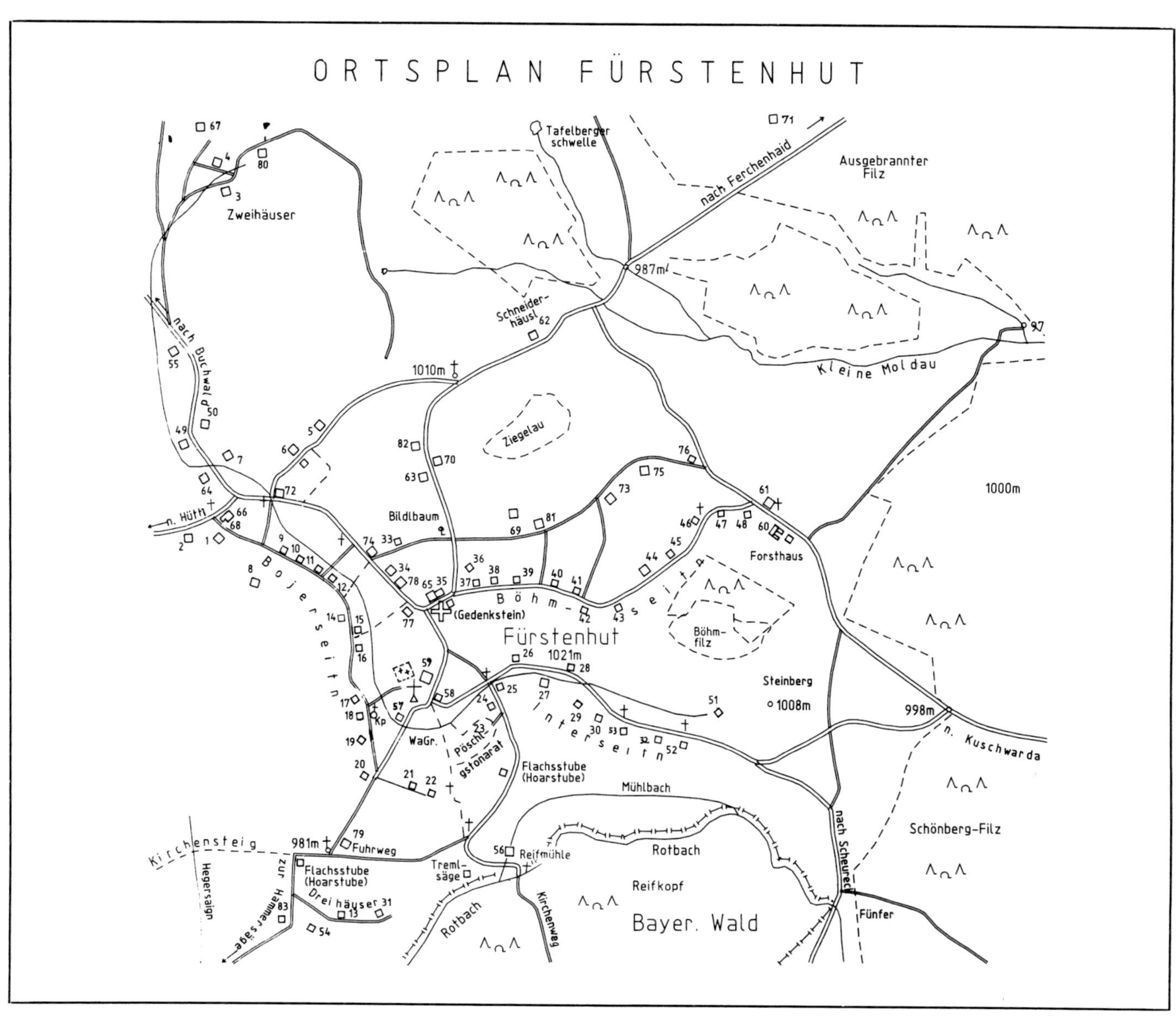

Letzte Siedler vor der Vertreibung im Jahre 1946 von Fürstenhut

Nr.	Name	(Hausname)
1	Tahedl Alois (Gasth.)	beim Neuburger
2	Heinzl Franz	Heger Franz (Heger Bauer)
3	Harant Alfred	Pedal Johann
4	Strunz Erhard	Kschiwei
5	Selbitschka Michael	Michei-Michl
6	Meisetschläger Alois (Gasth.)	Zelenka-Luisei
7	Baier Franz	Luisn-Adolf
8	Selbitschka Hugo	Hansl-Hugo
9	Selbitschka Michael	Lukasn-Michl
10	Razisberger Rosa	Razisberger
11	Eder Ludwig	Ludwikei
12	Selbitschka Marie	Lenzn Anton
13	Strunz Otto	Kajetan-Otto
14	Meisetschläger Franz	Ondrel-Franzl
15	Strunz Hermann	Hanzei-Hermann
16	Tahedl Julius	Tahedl-Julius
17	Eder Theresia	Kraubatn
18	Kuran Leopold	Franda Poitl-Kreuzberger
19	Wolf Johann	Honsmichl-Hansei
20	Pribil Franz	Schronkn-Franzl
21	Nader Lotte	Wirtfranzn-Lotti
22	Weishäupl Lukas	Xoiverl-Lukas
23	Kortus Marie	Piusn-Marie
24	Strunz Franz	Hedwign-Isidor-Franzl
25	Pribil Lukas	Pschimichl-Lukas
26	Schreib Franz	Honsmichl-Seppn
27	Schreib Marie	Fronzseppei-Toni
28	Krickl Albert	Adlhatn-Albert
29	Dörndorfer Josef	Ambrosn-Josef
30	Pribil Rudolf	Pschelara-Rudolf
31	Weishäupl Johann	Xoiverl-Hons
32	Harant Franz	Poitl-Franz
33	Selbitschka Johann	Hansl-Johann
34	Strunz Ernst	Ernesn Marie
35	Kölbl Alois (Gasth.)	Kölbl
36	Strunz Julius	Schuasta-Girgl-Julius
37	Seifert Romann	Seppi-Franzl
38	Graf Josef	Böhmei
39	Schreib Wilhelm	Matin-Wilhelm
40	Meisetschläger Liebr.	Ondrel-Libreich
41	Kuran Franz	Franda-Franz
42	Strunz Adolf u. Franz	Schuasta-Adolf-Franz
43	Kubitschek Leopold	Schwarzschöl-Poitl
44	Schreib Wilhelm	Hanslikn-Wilhelm
45	Strunz Johann	Schuasta-Johann
46	Kuran Julius	Wittn-Schneider
47	Pribil Adolf	Piusn-Adolf
48	Pribil Josef	Honso-Pepal
49	Wimmer Aloisia	Wimmer
50	Seewald Johann	Pechla-Johann
51	Nader Wilhelm	Nader-Wilhelm
52	Harant Wilhelm	Poitl-Wilhelm
53	Razisberger Peter	Razisberger-Peda
54	Leirich Wilhelm	Hejmal
55	Wolf Ottomar	Schmid-Ottomar
56	Treml Marie	Tremlin
57	Schule	
58	Pöschl Johann (Gasth.)	Pöschl Hons
59	Pfarrhof	
60	Forsthaus	Jagahaus
61	Hegerhaus	Hegahaus
62	Kollenberger Adolf	Schneiderheisl
63	Kubitschek Josef	Katherl-Pepi
64	Selbitschka Adolf	Metzger
65	Kölbl Alois	Kölbl
66	Neuburger Josef	Wilhelm-Pepi
67	Harant Adolf	Pedalluisl-Adolf
68	Neuburger Josef	Wilhelm-Pepi
69	Pribil Marie	Rudolfn-Marie
70	Selbitschka Alois	Postara-Alois
71	Mandl Franz	Schera-Franzei
72	Selbitschka Josef	Postara-Josef
73	Kubitschek Emilie	Bojer-Emilie
74	Selbitschka Adolf	Hansl-Adolf
75	Kuran Johann	Wittn-Hons
76	Selbitschka Marie	Irko-Marie
77	Tahedl Adolf	Tahedl
78	Seewald Johann	Ernesn-Hansl
79	Schreib Adolf	Fronzseppei-Adolf
80	Tahedl Adolf	Tahedl Adolf jung
81	Meisteschläger Herm.	Ondrel-Hermann
82	Reichhart Johann	Homa-Hons
83	Weishäupl Philipp	Philipp

Fürstenhut Kirche

Die Kirche von Fürstenhut

1824–28	In dieser Zeit wurde die erste hölzerne Kirche errichtet.
7. Juni 1827	Mit königl. Hofkanzleidekret für die Dörfer Fürstenhut, Scheureck, Buchwald und Hütl wird eine zur Seelsorge Neugebäu gehörende Expositur Fürstenhut bewilligt.
26. Juni 1849	Mit königl. Ministerialdekret wird die Expositur Fürstenhut zur selbständigen "Lokalie" erhoben.
April 1857	Ein neuer Hochaltar für 651 österr. Gulden wird aufgestellt.
1861	Das Kirchlein wurde zu klein. Man begann mit dem Bau einer neuen größeren Kirche.
27. Januar 1864	Einweihung der neuen hölzernen Kirche.
1912	Die Kirche brannte völlig nieder, wobei auch die Glocken schmolzen.

Kriegsjahre 1914–1918	Noch während des 1. Weltkrieges begann man mit dem Neubau einer Kirche im neugotischen Baustil. Die Kirche wurde aus gehauenem Granit errichtet. Es sollte für die Ewigkeit sein. Die Altarbilder, die beim Brand gerettet wurden, kamen wieder zur Aufstellung. Am Hochaltar war das Bild des Kirchenpatrons, „Johannes des Täufers" signiert: „Wien 1864 Carl Hoffmann".
1956	Wurde das Kirchenschiff von den Tschechen abgedeckt und der Rest am 19. 8. 1956 angezündet.
20. August 1956	Tags darauf, am Sonntag, den 20. August 1956, sank nach einer gewaltigen Detonation die Kirche für immer in sich zusammen.

Gezeichnet v. L. Rosenberger

Monner von Fürstenhuat

1. In Fürstenhuat, in Fürstenhuat, do grotn d' Erdäpfel recht guat.
   Erdäpfel fruah, z' Mittog, af d' Nocht,
   daß oan da Mogn nua so krocht;
   und wonns oan zwickt und druckt und plogt,
   oa Mittel gibts, wos uis verjogt:
   Monner von Fürstenhuat, trinkt's wonn enk dürschten tuat,
   Monner von Fürstenhuat, 's Bier is huid guat!

2. In Fürstenhuat, in Fürstenhuat, do kinnan d' Weiber 's Schimpfa guat;
   und kimmst spot hoam zu so an Wei,
   host wos in Kopf, oft konnst di gfrei!
   Und wonn oan so a Bisgurn plogt,
   oa Mittel gibts, wos uis verjogt:
   Monner von Fürstenhuat . . .

3. Wonn oamoi oas von Fürstenhuat an d' Himmeltür opumpern tuat,
   do hört ma glei an Petrus schrein: „Mein Lieber,
   Du darfst nicht hinein.
   Wer zuviel trinkt im Erdental,
   büßt es mit Durst und Höllenqual!"
   Monner von Fürstenhuat . . .

4. Doch Sankt Johann der Täufer spricht:
   „Für alle Menschen gilt das nicht,
   ich steh bei denen am Altar,
   seh' ihre Armut 's ganze Jahr.
   Wer sich so hart sein Brot verdient
   im Jenseits auch Erbarmen findt."
   Monner von Fürstenhuat . . .

5. Der Petrus schiabt den Riegel z'ruck
   und af a ellenlonga Bruck
   gehts donn schnurstracks ins Paradies
   und af da guidan Himmelwies
   stehn Blumenbecher voll und schwar,
   die wern in Ewigkeit net laar.
   Monner von Fürstenhuat . . .

Der Seppei und der Durst

„Grüaß God, Herr Dokda, ja grüaß God", sagte der Seppei zu Dr. Kubitscheck, der gerade beim Kölbl sein Bier trank.

„. . . und wirkli an recht schena Dank, Herr Dokda! Des is wirkli schee."
Ganz verwundert fragte Dr. Kubitscheck: „Ja, für was bedankst du di bei mir, Seppei?"
„Na, Herr Dokda, für des Bier, des was Sie mir jetzt zoihn wern."

Die Böhmseitn mit dem Lusen. Ganz hinten – die Kirche und der Pfarrhof (59). Vorne von links Franda Franz (41), Ondrel-Liebreich (40), Martin Wilhelm (39), Böhmei (38), Seppi Franzl (37) und das Gasthaus Kölbl (35/65).

Das erste Haus von Fürstenhut, die Treml Säge, früher Reifmühle. Im Jahre 1750 errichtete ein Hr. Reif das Sägewerk, mit einem Säumgatter und einer Kreissäge. Das Haus stand mitten im dichten Wald. Es hatte keine Straßenverbindungen, dementsprechend war der Absatz schlecht! Das Sägewerk übernahm ein jüngerer Unternehmer namens Wolf. Er bemühte sich um den Wegebau. Später wurde das Sägewerk an Hr. Zelenka weiterverkauft. Er führte es längere Zeit.

Das Forsthaus – damals schon ein stattliches Haus.

Die Zigarette

In der Schulpause war die schönste Schneeballschlacht im Gange. Der Peschl Hansi kam von der Kirche dahergeschlendert. Die Hände in den Taschen, eine Zigarette im Mund. Der Weg führte genau im Niemandsland zwischen den schneeballwerfenden Gruppen durch. Mein Schneeball senkte sich und senkte sich und klatsch – traf er den Hansi mitten im Gesicht und schlug ihm die Zigarette aus dem Mund.

Zuerst war ich starr vor Schrecken, dann war es zum Laufen zu spät, denn der Hansi hatte mich schon am Kragen und holte zum Schlag aus.

Ich hab' noch gesagt – „wenn'st moanst, hau hoit her, du haust in koan Dreck" – dann hat's eingeschlagen, daß die Sterne tanzten.

Die Schule von Fürstenhut.

Wohnhaus und Sägewerk waren auf der Treml-Säge etwas voneinander entfernt. Im Wohnhaus war auch eine Holzwarenerzeugung. Ganze Berge Hobelspäne zeugen davon.

Blick v. Lusen-Gipfel 1370m ins 'Sudetenland'

Ein Blick vom Lusengipfel nach Fürstenhut. Im Hintergrund die langgezogene Kuppe, der "Kubani", der böhmische Urwald und rechts davon der Schreiner.

Hier haben wir, mein Freund der Rudolfn Franzl und ich bei einem Ausflug gesessen und gedichtet: „Hier machten zwei Wanderer Pause, in Ermangelung einer Klause, sind sie auf den Steinen gesessen, und haben die ganze Wurst aufgefressen."

Auf der Treml Säge. Der kleine Knirps, der neben seiner Schwester steht, bin ich.

Lungenentzündung

Meine Mutter kündigte mir einmal an: „Morgen mußt eher aufstehn, ich muß früh fort." Ich war so ein kleiner Stutz von vier bis fünf Jahren und diese Ankündigung gefiel mir gar nicht. In der Früh stellte ich mich sterbenskrank.

Meine Mutter, die mich durchschaute, sagte: „Da bring i di zu da Mutter runter" (die Mutter war meine Großmutter im Erdgeschoß). Gesagt – getan – ich kam zu meiner Großmutter und weil ich soo krank war, dort ins Bett.

Später kam der Briefträger – der Schrankn Franzl. Er sah mich und meinte: „Ja wos is denn dees?" Ich weinerlich: „I bi ja sooo krank!" „Ja, wos feit da denn, Karli?" „Woaßt Franzl, auf d' Lungaentzündung wart i!"

Das große Holzlager auf der Treml-säge.

1912 übernahm Franz Treml das Sägewerk. Er erweiterte den Betrieb, vor allem bei der Holzwarenerzeugung, sodaß im Betrieb 15 bis 20 Personen und in der Heimindustrie bis zu 100 Personen Beschäftigung fanden. Auf diesem Bild sehen wir aufgestapelt „Klaviaturholz". Hiervon wurden Geigen gemacht.
Die Tschechen haben hier im Hause 13 Hausdurchsuchungen durchgeführt. Einmal kamen 20 Soldaten einen ganzen Tag. Die Bewohner mußten unter Bewachung im Vorhaus stehen. Es durfte nicht einmal gefragt werden, was beschlagnahmt wurde. Mitgenommen wurde alles. Wäsche, Decken, Steppdecken, Geld, Schmuck, Uhren, alle Lebensmittel, Wein usw. Am Abend waren nur noch Kartoffeln, Salz und Sauerkraut im Haus.

Am 15. August 1936 wurde das Kriegerdenkmal eingeweiht.

Am 14. und 15. August 1927 feierte die Freiwillige Feuerwehr ihr 50jähriges Gründungsfest.

Der Eingang zum Friedhof mit der Totenhalle.

Und der Friedhof.

Der Friedhof mit dem Blick nach Buchwald.

Gasthaus Kölbl Alt- und Neubau. Im Altbau war das Postamt.

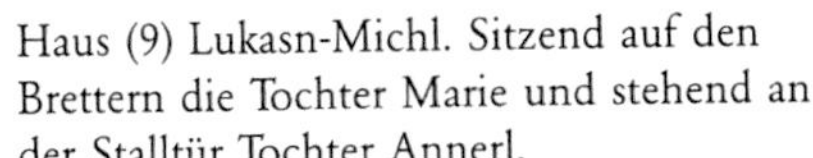

Haus (9) Lukasn-Michl. Sitzend auf den Brettern die Tochter Marie und stehend an der Stalltür Tochter Annerl.

So nahe stand die Treml-Säge an der Grenze. Der Wald war schon bayerisch.

Am Weg nach Buchwald (Hs. Nr. 55). Vorne „d' Schmid Ottomar" mit seiner Familie.

Gasthaus zum Böhmerwald oder das Peschl-Wirtshaus (58).

Das Forsthaus – halb vom Schnee „zua gwachlt“ (zugeweht). Ein tschechischer "Grenzer“ (Grenzpolizist) sagte einmal, wie es so richtig gestürmt hat: „Das is große Wachl – auf kloani Heisl.“

Der 1. April

Es war das eifrigste Bemühen aller, die anderen in den April zu schicken, aber selbst nicht geschickt zu werden. Alle Bemühungen von der ganzen Belegschaft auf der Tremlsäge, die Treml Marie (meine Mutter) „in den April zu schicken“, schlugen fehl und der Tag neigte sich langsam dem Ende entgegen. Es mußte schnell etwas geschehen.

Da lief der Rudolfn Franz von der Werkstatt zum Wohnhaus und schrie laut ins Treppenhaus, daß es auch meine Mutter im 1. Stock hören mußte: „Ella, Ella, kim schnell, in da Koigruam (Kalkgrube) is jemand beim Koistehln (Kalkstehlen).“

Fast jedes Haus hatte eine Kalkgrube. In die Grube kam ungelöschter Kalk, Wasser drauf – es brodelte und zischte – und nach einiger Zeit beruhigte sich alles, übrig blieb schöner weißer Kalk.

Interessanterweise wurde zu dieser Zeit unser Kalk immer weniger, obwohl kein Kalk gebraucht wurde. Das kam jetzt meiner Mutter gerade recht. Der Kalkdieb gehörte nicht der Ella, nein, der gehörte ihr. Sie sprang auf, erwischte einen Stock, lief ums Haus, unter der Wasserrinne durch, zur Tennenauffahrt. Hier mußte der Kalkdieb sein. Sie hob schon den Stock, aber in der Kalkgrube war niemand.

Nur wenige Meter weiter stand die ganze Belegschaft und rief: „April – April.“

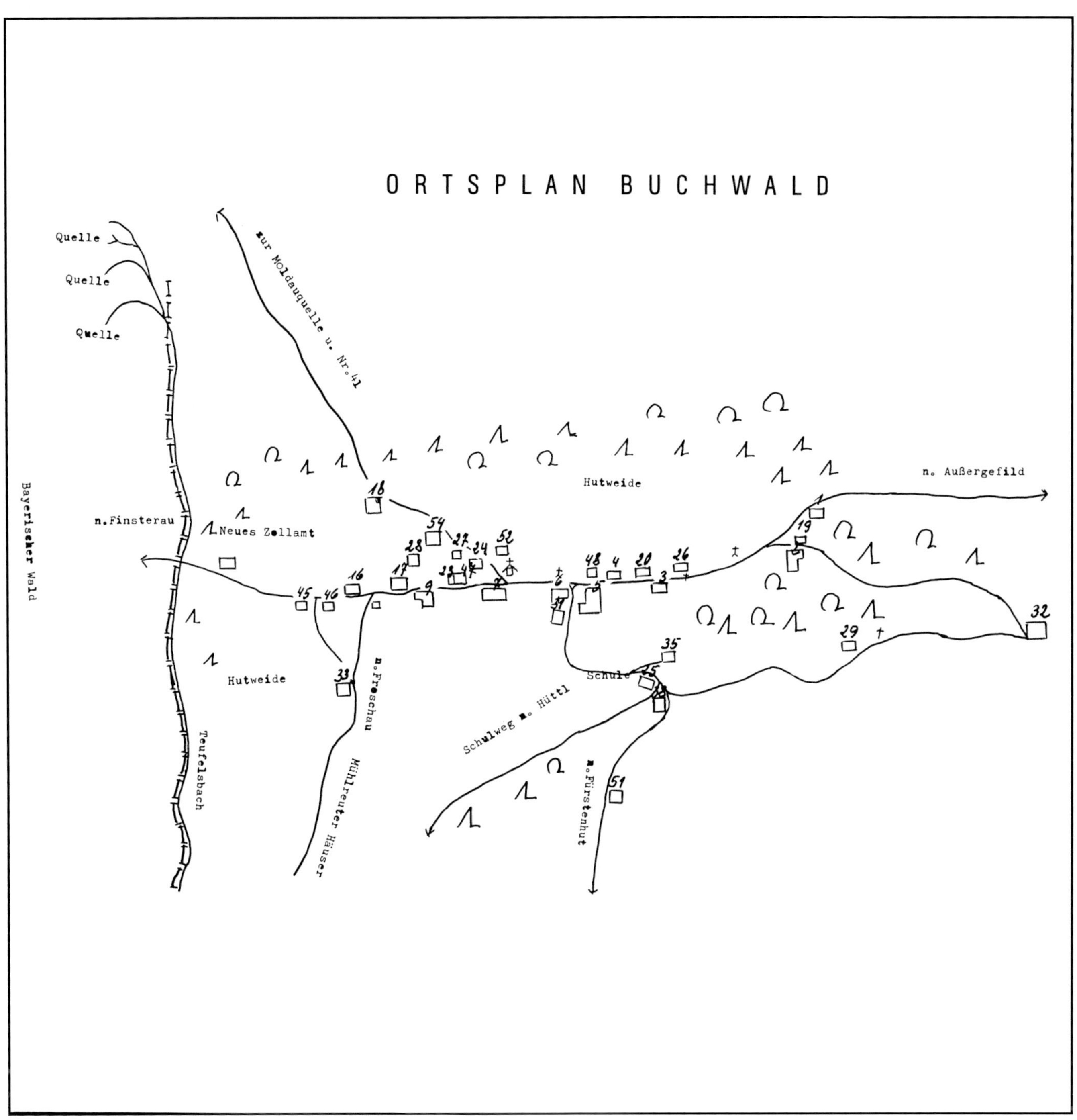

Letzte Siedler vor der Vertreibung im Jahre 1946 von Buchwald

		(Hausname)
1	Staatl. Forstverwaltung	Forsthaus
2	Schmid-Michl-Adolf u. Walter Harant	Richterhaus
3	Wenzl Leirich	Korlbauernhaus
4	Johann Zanella	Zanella-Hansei
5	Johann Selbitschka	Zanella – „Zum Tiroler“
6	Karl Bauer	Zenzi-Korl
7	Friedrich Fastner	Fritzn
9	Josef Plechinger	Markusn Haus
16	Staatl. Forstverwaltung	Sophi-Wenzl
17	Franz Plechinger	Pederl-Johann-Franzl
18	Johann Harant	Johannei
19	Staatl. Forstverwaltung	Hegerhäusl
20	Wenzl Leirich	Kramer
23	Franz Fastner	Alte Kaserne oder Zollhaus
24	Ferdinand Kufner	Xander-Ferdl

		(Hausname)
25	Schule	
26	Harant Leopold	Poitl-Schuasta
27	Leo Bauer	Summer Leo
28	Leopold Harant	Lini-Poidl
29	Erbengemeinsch. Peter	Richterseppei-Pepi
31	Johann Plechinger	Liesl-Johann
32	Elisabeth Kufner	Kufner-Säge od. Xander-Pepperl
33	Karl Harant	Ernesn-Korl
35	Johann Peter	Richterschneider
38	Jakob Sitter	Sitter
45	Johann Harant	Jokowei
46	Anna Leirich	Wagner-Anna
47	Franz Fastner	Fastner-Hotel
48	Zanella	Zanella-Austragshaus
51	Johann Zanella	Sportmann od. Zanella-Hansi
52	Michael Fastner	Fritzn-Michl
54	Heinrich Peschl	Peschl-Hotel

Buchwald mit dem Liebensteinfelsen

An Buchwald

Dich preis' ich laut als Waldeskönigin,
Mein stolzes Buchwald, weil nicht Deinesgleichen
Im ganzen Böhmerwald ist zu erreichen,
Mag wandern man die Kreuz und Quer durch ihn!

Erhaben auf des Schwarzbergs Felsenzinn',
Der Waldesheimat glänzend Wunderzeichen,
Muß Deiner Schönheit jede andre weichen,
Durch die Du hebst des Wandrers Herz und Sinn!

Das stolze Baierland liegt Dir zu Füßen,
Die ernsten Berge rings um Dich sich reih'n
So wie die Fürsten um des Königs Thron.

Und ehrfurchtsvoll Dich selbst die Alpen grüßen. –
Laß, theure Heimat, dies Sonett Dir weih'n,
Denn ich auch nenn' mit Stolz mich Deinen Sohn!

Buchwald, August 1901 Joh. Peter

Buchwald mit Frontansicht vom Hotel Fastner. Im Vordergrund rechts die Schule von Buchwald.

Wir schauen von Fürstenhut „in's Buachat". Im Vordergrund von rechts: Pechla Johann (50), Luisn-Adolf (7) und d' Wimmer (49).

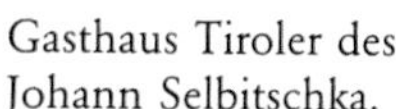

Gasthaus Tiroler des Johann Selbitschka.

Buchwald und im Vordergrund die Fürstenhuter Häuser: Von links d' Metzger (64), d' Wimmer (49), Luisn-Adolf (7), Pechler Johann (50), Posterer Josef (72).

Friedlich mutet diese Landschaft an und . . .

. . . ein Menschenalter später war die Idylle zerstört. Die Häuser weggerissen und aus den Wiesen wurde wieder Wald.

Als Richterbub

Immer wieder, immer wieder
Zieht es mich zum Wald zurück,
Wo ich meine ersten Lieder
Sang im ersten Lebensglück;
Wo im Wogen der Gefühle
Und in der Gedanken Drang
Ich in linder Waldeskühle
Träumte stunden-, tagelang.

Ach, das waren schöne Zeiten,
Als ich noch vom Richterhaus
Sah in unbegrenzte Weiten
Lichter Gotteswelt hinaus;
Da mich noch im Jugendkleide
Meiner Eltern Lieb' umfing
Und ein Hauch von Heimatfreude
Mir durch Herz und Seele ging.

Hirtenbüblein auf dem Steine,
War der Wald mein Gotteshaus;
Sang mein Lied im Sonnenscheine,
Sang mein Lied im Sturmgebraus.
Wenn des Donners Zornruf dröhnte
Und die Flut vom Berge schwoll:
In den Kampf der Elemente
Klang mein Lied so freudenvoll.

Glück und Freude war mein Leben,
Und mein Heil Genügsamkeit –
Meiner Heimat galt mein Streben
Schon in jener frühen Zeit.
Ihrer Berge ernstes Ragen
Und des Urwalds düstre Pracht
Ließ das Herz mir höher schlagen,
Hat die Lieb' zu ihr entfacht.

Wenn auch arm, so war doch sonnig
Meines Lebens erstes Sein;
Jeder Tag erschien mir wonnig
In der Freiheit Rosenschein.
Spiel und Arbeit, Buch und Leier,
Hirtenstab und Sing und Sang
Waren meiner Jugend Feier
Hochgestimmter Einheitsklang.

Und so trag ich sie im Herzen,
Meine Jugend, licht und klar,
Die mir hellt die Nacht der Schmerzen,
Nicht erbleichen ließ mein Haar. –
Wenn mir auch die Zahl der Jahre
Runen in das Antlitz grub:
Immer bin ich noch der wahre,
Herzjungfrische Richterbub!

Haida, im Juli 1914 — Johann Peter

JOHANN PETER, der Richterbub, wie er sich selbst nannte, geb. am 23. 2. 1858, war wohl der Bedeutendste der Böhmerwaldgemeinde Buchwald. Als Schriftsteller und Dichter war er weit über seine Heimat hinaus bekannt und wurde auch der „Rosegger des Böhmerwaldes“ genannt.

1907 beim „Zanella“. Über Schneemangel brauchte man sich zu Ostern nicht beklagen.

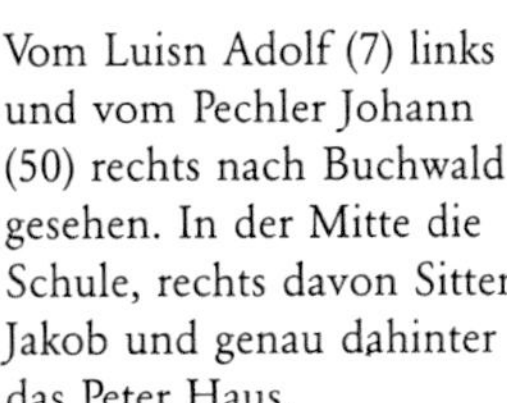

Vom Luisn Adolf (7) links und vom Pechler Johann (50) rechts nach Buchwald gesehen. In der Mitte die Schule, rechts davon Sitter Jakob und genau dahinter das Peter Haus.

Das Motorrad

Beim Hotel Fastner stellten zu Pfingsten Touristen einige Motorräder ab. Zanella Pauli und der Raimundn Seppei sahen dies. Die Touristen waren im Hotel, da trauten sich die Buben, sich aufs Motorrad zu setzen. Sie fühlten sich wie Könige. Aber noch schöner wäre es, wenn der Motor liefe. Sie probierten es.

Nach ein paar Versuchen lief der Motor. Die Freude und der Stolz konnten nicht größer sein. Aber jetzt kam der Schreck! Wie stellt man den Motor wieder ab? Na ja, den Hebel wird man schon finden! Alles wurde durchprobiert – dann ein Ruck – und das Motorrad setzte sich in Bewegung. Beide klammerten sich voller Angst ans Motorrad, der eine an den Lenker, der andere an den Soziusgriff. Alle Heiligen wurden angerufen, aber das Motorrad fuhr in Richtung Grenze.

Dort war die Straße breiter. Hier konnten sie versuchen, umzudrehen. Trotz heftigem Wackeln fiel keiner vom Rad und das Motorrad fuhr wieder Richtung Buchwald.

Niemand war da, der helfen konnte. Das Motorrad blieb nicht stehen. Es fuhr wieder durch Buchwald zum Wald. Es kam auch keine Stelle zum Wenden. Endlich, im 7 km entfernten Außergefild glückte mit größter Anstrengung das Wendemanöver. Schweißgebadet ging es zurück nach Buchwald. Aber wieder zog das Rad am Hotel Fastner vorbei in Richtung Grenze. Himmel – kann denn niemand helfen! Wie beim Zauberlehrling: Herr, die Not ist groß, den sie riefen den Geist, der läßt sie nun nicht los. Wie lange konnte dies noch dauern?

Der Herr hatte ein Einsehen – an der Grenze ging das Benzin aus. Schnell runter vom Rad und zurückgeschoben zum Hotel. Dann liefen und liefen sie, als ob der Teufel hinter ihnen her wäre.

Das Plöchinger Gasthaus mit den über 200 km entfernten Alpengipfeln, die an „Föhntagen“ von Buchwald aus zu sehen waren.

Über das Dorf Finsterau konnte man die Alpenkette zwischen Dachstein und Watzmann erkennen.

Von der Hutweide schweift der Blick über Buchwald zur Alpenkette. Bis von Prag sind wegen dieser Aussicht Touristen angereist.

De Buchada Buam

Umgeschriebenes Lied von „de Holzhacker Buam“ auf „de Buchada Buam“ vom Raimundn Seppei.

Kas in da Butten,
Loam in da Gruabm,
Lustig san d' Buchada Buam.
Hört mar 's weit, sieht mar 's weit,
des is a Freid.

Wenn d' Buchada Buam singa,
muaß Berg und Tal klinga,
klingt Berg und Tal net,
sand 's Buchada Buam net.

Und wo sie sand einkehrt,
habm sie gleich aufbegehrt,
habm 's üwan Tisch einghaut,
do ham d' Leut gschaut.

Buchwald

aus dem Buche „Sprossender Wald“
von Johann Peter

Ein Landschaftsbild, von Gott geschaffen,
Getaucht in Duft und Sonnenglanz,
Prangst du, mein Heimatsdörfchen,
Umrahmt von dunkler Wälder Kranz,
An Postbergs Rand,
Ein Luginsland,
Des Böhmerwaldes Perlenband.

Der Berge Häupter, himmelragend,
Gebettet in ein Meer von Grün,
Durchwirkt von lichten Hochwaldwiesen,
Wo tausend Farbenwunder blüh'n:
So herrschest du
In Sonntagsruh'
Und wirst so herrschen immerzu!

So weit die trunk'nen Blicke gleiten,
Beut eine Welt im Kleinen sich,
Und an der fernen Himmelsgrenze
Ragt hoch und ernst und feierlich
Die Alpenwand,
Ein steinern Band,
Bis tief hinein ins Steirerland.

Des Bayernlandes reiche Fluren,
Von stillen Weilern bunt durchwirkt,
Ein Labyrinth von Bergesketten,
Von tiefen Wäldern hold umzirkt:
Schaun lieb herauf
Vom Donaulauf
Zu deiner Sonnenhöhe Knauf.

Wer zählt die Häupter all der Berge?
Wer mißt der Wälder reichen Kranz,
Die sich um deine Perle schlingen,
Mein Heimatsdorf im Himmelsglanz?
Wer kann mit dir
Sich messen hier
Im ganzen weiten Waldrevier?

Fürwahr, in seiner besten Laune
Hat dich der Herr so reich bedacht,
Daß jedem, der dein Bild geschauet,
Vor Freud das Herz im Leibe lacht!
So weit vom Stand
Der Blick sich spannt,
Ist groß und schön und d e u t s c h das Land.

Und deutsch, wie deine Väter waren,
Sollst bleiben du, mein Dörflein traut,
Von deutschen Bergen rings umstauet,
Von deutschem Himmel überblauet!
O, halte Wacht bei Tag und Nacht
Und, muß es sein, kämpf' deine Schlacht!

Die Grenzbrücke in Buchwald. Ein Bild aus den 30er Jahren. Da war die Welt noch in Ordnung.

Ein Gedenkstein zur Erinnerung an die erste Wallfahrt zum hl. Berg 1873.

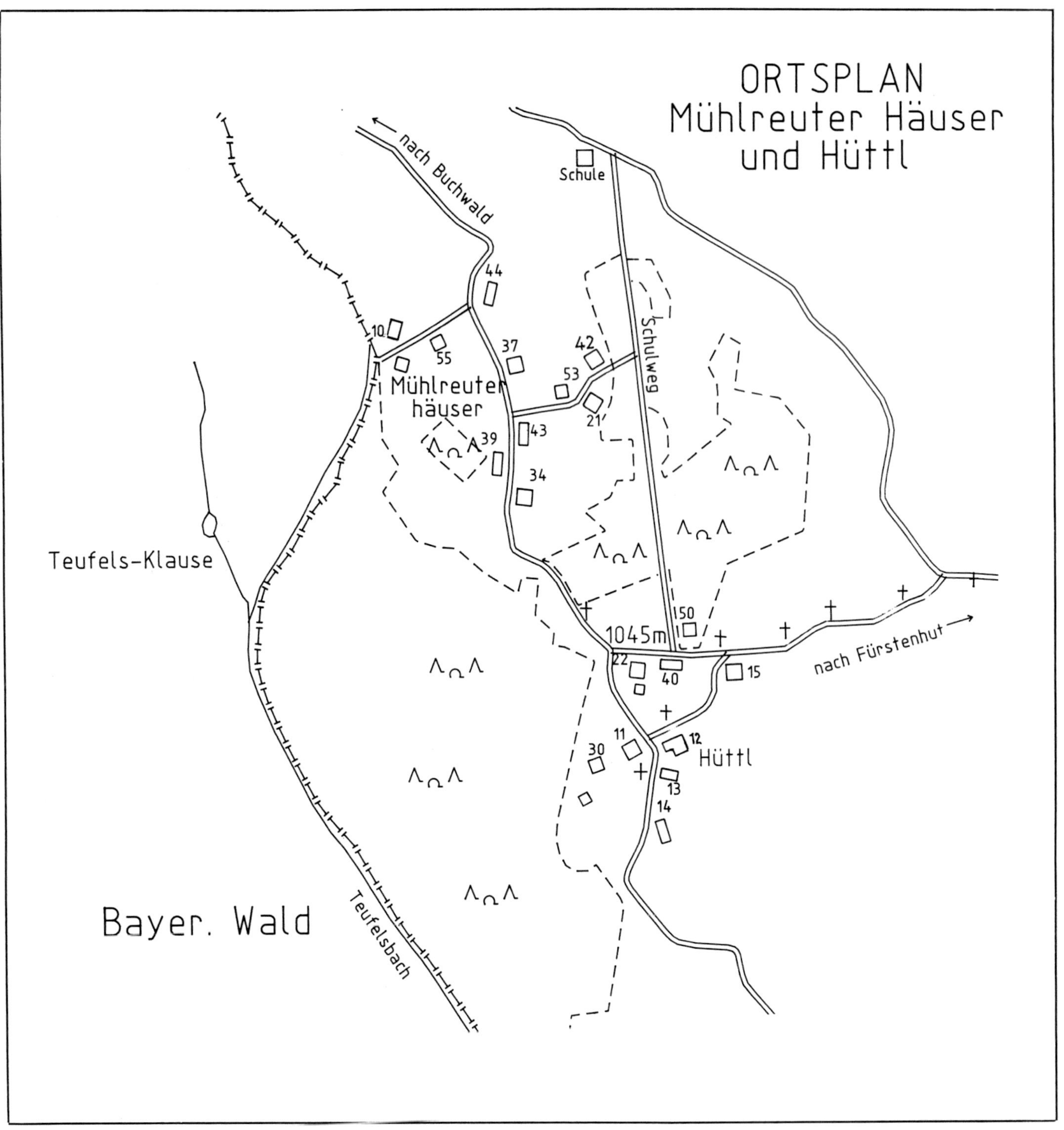

Letzte Siedler vor der Vertreibung im Jahre 1946
von Hüttl und Mühlreuter Häuser

	(Hausname)
11 Nader Josef	ban Nader
12 Baier Heinrich	Kathi Sepperl
13 Fuchs Alois	ban Fuchsen
14 Baier Johann	ban Baier
15 Bauer Ferdinand u. Willi	Summer Ferdl u. Willi
22 Haselberger Franz	Hütl Meij
26 Reichart Josef	Hammer Sog
30 Nader Josef	Girgl Schuster
40 Reichart Alfred	Hammer Alfred
49 Reichart Josef	Hammer Pepperl
50 Stögbauer Maria	ban Angela-Heinrich

	(Hausname)
10 Seewald Josef	Raimund Sepp, Säge
21 Pribil Karl	Pschiwi Korl
34 Kufner Alois	ban Tischler
37 Harant Lorenz	Seppm Lorenz
39 Seewald Julius	Pechler Hons Julius
42 Leirich Jordan	ban Wagner
43 Haselberger Franz	Nader Franz
44 Harant Emilie	Seppi Ferdl
53 Plechinger Franz	Sottla Franzei
55 Plechinger Alois	Sottla Alois

Wir wandern langsam von Buchwald über d' Froschau (Mühlreuter Häuser) nach Hüttl und blicken nach Buchwald zurück.

Rodungsarbeiten. – Auf der Raimundn-Säge werden von Herbert und Hans Seewald Steine aus den Wiesen geräumt.

Haus Summer Ferdl (15). Personen von links: unbekannte Urlauberin, Heinrich, Johann, Rosa, Theresia, Ferdinand und Anna Bauer und Alois Kufner aus Froschau.

Hüttl bei Buchwald.

Quitschei fangen

Der Julius Herbert und der Raimundn Seppei gingen nach Hüttl und wollten mit einer Steinschleuder „Quitschei" (Wacholderdrosseln) schießen. Ein aussichtsloses Beginnen. Verdrossen über den Mißerfolg machten sie sich auf den Heimweg. Da sahen sie auf dem Misthaufen vom Kufner Alois eine Menge Hühner. Das war ja ein viel besseres Ziel – die waren viel größer und nicht so scheu wie die „Quitschei". Da mußte mal so richtig reingeschossen werden. Die Hühner purzelten nur so hin und her. Das war jetzt ein Erfolgserlebnis und so konnte man zufrieden nach Hause gehen.

Doch am nächsten Tag kam die Frau vom Kufner Alois und trug eine tote Henne in der Hand. Dem Seppei blieb fast das Herz stehen. Jetzt is' um mich geschehen, dachte er, zu Tode erschrocken versteckte er sich. Die Frau sagte zum Seppei seinem Vater: „Die Henn is' gestern tout auf'm Misthaufa gleng – i gib das zom Fuchsn-fuadan."

Hoamaterd

Hoamaterd, du bist voll Stoana,
Hoamaterd, du bist voll Dorn,
bist so hoart, und doch hot koana
no sei Liab zu dir verlorn.

Bist im Summer oft no schneewi(g)
und dei' Himmel trüab und kolt.
Doch wir liabn di ejtz und ewi(g),
Hoamaterd'n, Böhmerwold!

Hans Multerer

Bauernhaus von Johann und Aloisia Baier, Hüttl 14.

Johann Peter

Abend in Buchwald

Der Alltag ist verklungen,
Der Wald steht regungslos;
Rauchsäulen wehn verschlungen,
Der Mond steigt hell und groß.

Das Schweigen rings im Plane
Wird plötzlich aufgerührt,
Als hätten wundersame
Hände die Welt berührt.

Ich sinke kindfromm nieder
Vor Gottes guter Welt;
Die Sterne kreisen Lieder,
Mein Tag war gut bestellt.

Der Moldau-Ursprung.

Auf d' Wulda

Text: Anton Wallner
Vertonung: Lois Milz

1. Auf d' Wulda, auf d' Wulda
   scheint d' Sunna so gulda
   geh i hin über d' Bruck.
   I: Furt schwimman die Scheida,
   tolaus ullweil weida,
   und koans kimmt mehr z'ruck.

2. Muaß aussi a schwimma,
   oba draußt bleib i nimma,
   mei Hoamat is 's Best.
   I: Vom Böhmerwold kriagn
   will i 's Brautbett und d' Wiagn
   und a Truha auf d' Letzt.

Das Wulda-Lied

Im Jahr 1926 standen diese Verse als Gedicht unter zahlreichen anderen Gedichten, in dem von Hans Schreiber herausgegebenen „Wäldlerkalender" unter dem Pseudonym „Dionys Teichmüller". Dort las diese Verse Lois A. E. Milz. Sie machten einen tiefen Eindruck auf ihn. 1931, also erst Jahre später, kam Milz bei einer Herbstwanderung bei Salnau auf die Moldaubrücke. In der Nachmittagssonne,in der die Moldau golden schimmerte, schwammen Hunderte und aber Hunderte Holzscheite talauswärts. Hier fielen Milz die Verse des Dionys Teichmeier „Auf d' Wulda, auf d' Wulda" wieder ein. Wenige Tage später mußte Milz den Böhmerwald für eine längere Reise verlassen. Als die Böhmerwaldberge hinter Budweis langsam verschwanden, fielen Milz wieder die Verse „Auf d' Wulda, Auf d' Wulda . . ." ein und einer plötzlichen Eingebung folgend, komponierte er eine passende Melodie dazu. Nach dieser Melodie wird das Lied heute noch gesungen. Milz machte bei Singstunden, Liederabenden, Konzerten o. ä. viele tausend sangesfreudige Menschen mit dem „Wuldalied" wie es jetzt hieß, bekannt.

Dem Heimatforscher Prof. Gustav Jungbauer gelang es, das Pseudonym Dionys Teichmüller zu lüften. Dahinter verbarg sich kein Geringerer als Prof. Dr. Anton Wallner, Graz. Durch das Zusammenwirken der beiden Männer Milz und Wallner wurde das Wuldalied weit über den Böhmerwald, ja sogar über Böhmen hinaus, bekannt.

Im Unheilsjahr 1945 schlich sich Milz, mit einem durchschossenen Knie, durch die Wälder der Heimat, in Richtung der schützenden Grenze, des oberösterreichischen Mühlviertels. Am Kreuzberg bei Kirchschlag rastete er wegen der Schmerzen im Knie. Ringsum waren seine geliebten Heimatberge, die er auf diese jammervolle Art und Weise und vielleicht für immer verlassen mußte. Tränen rannen über sein Gesicht. In diesen Tränenstrom hinein sang er seiner Heimat, der Gefahr bewußt entdeckt zu werden, nochmals das Heimat- und Schicksalslied: „Auf d' Wulda, auf d' Wulda, scheint d' Sunna so gulda, geh i hin über d' Bruck. Furt schwimman die Scheida, tolaus, ullweil weida, und koans kimmt mehr z'ruck. Muaß aussi a schwimma, oba draußt bleib i nimma, mei Hoamat is 's Best. Vom Böhmerwald kriagn will i 's Brautbett und 'd Wiagn und a Truha auf d' Letzt.

Aus seiner aufgewühlten Brust drängten sich neue Worte – eine dritte Strophe:

Und hoam bin i kumma
wia schön war der Summa
und wie brunntief die Not.
Mit Martern und Morden
sind wir vertrieben worden
aus der Hoamat, o Gott!
Mit Martern und Morden
sind wir vertrieben worden
Hilf uns du hiazt, o Gott!

Hier entspringt die „Wulda“, die Moldau.

erstreckte sich in einer Länge von 3½ km vom Fünfer in südöstlicher Richtung längs der bayerisch-tschechischen Grenze bis zur Kesselhäuser Senke (früher Unterlichtbuchet).
Der Fünfer ist die Grenzbezeichnung an der bayerisch-tschechischen Grenze zwischen Scheureck und Fürstenhut, wo Bayern in einem über einen km breiten Waldgebiet annähernd 3 km tief in das tschechische Staatsgebiet hineinreicht. Dieser sogenannte Fünfer wird auf der Topographischen Karte (1 : 50 000) als „Reifenspitz" bezeichnet, ein Name, zu dem die Scheurecker Ortsbewohner keinerlei Beziehung mehr hatten.
Der besiedelte Grenzstreifen Scheureck, durchwegs von Wald umgeben, lag in einer Seehöhe von 980 bis über 1030 m (Schule 1034 m) und gehörte zur Pfarrei Fürstenhut. Die Abkürzung nach Fürstenhut am Kirchensteig führte also durch bayerisches Staatsgebiet, den Fünfer, und wurde von den Grenzbeamten beider Staaten geduldet, denn der Fahrweg nach Fürstenhut, der knapp an der beschriebenen Grenzlandzunge im Umweg vorbeiführte, war nicht besonders begehbar und oft voller Lacken und Pfützen.
Wo Scheureck gegen Fürstenhut abfällt, sammelt sich an der Waldspitze des Fünfer das Wasser des Rotbachels, welches sich in den Teufelsbach, die Ilz, in die Donau ergießt. Ebenso entwässert die Seige (klarer, schneller Wasserlauf) die zur Staatsgrenze geneigten Wiesen von Vorderscheureck und bringt das Wasser ebenfalls zur Donau. Die anderen Quellabflüsse des ehemaligen Scheurecker Siedlungsgebietes nehmen der Wolfaubach und der Kiesbach (Scheureckerschwelle 962 m) auf, die ihr Wasser zur Moldau und Elbe entsenden. Somit ist Scheureck ein Teil der Europäischen Wasserscheide zwischen Nordsee und Schwarzem Meer.
Wenn der Autofahrer vom Mitterfirmiansreuter Parkplatz auf die Scheurecker Hochfläche schaut, ahnt er wohl die Schönheit der sich dort bietenden Fernsicht in die alte und neue Heimat. Wenn beim Rupertn (Hs. Nr. 9) die Alpenkette klar erkennbar war, wußte man, daß nach zwei Tagen das Wetter umschlägt und man konnte sich gerade in der Zeit der Heuernte danach einrichten, denn das gute Futter war für die Scheurecker Landwirte die Lebensgrundlage. Bedingt durch die Höhenlage und Abdachung der Landschaft hat die Witterung durch viele Jahrtausende die wertvollsten Nährstoffe dem verwitterten Granitboden entzogen, sodaß im Futter große Mangelerscheinungen auftraten. Die Scheurecker Landwirte mußten alle vier bis sechs Jahre die Rinder wechseln, denn das Vieh ging nach längerer Haltung durch diese Nährstoffmangelerscheinungen, dem sogenannten „Abstehen" ein. Eine typische Pflanze dieser Scheurecker Höhenlage ist der Bürstling (Borstengras – Nardus), der auf trockenen Sandböden mit Vorliebe wächst und zu den schlechtesten Futtergräsern gehört – („In Scheureck ist schwer zu gehen. In den Holzschuhen rutschst du am Bürstling aus, barfuß sticht dich der Bürstling.")
Beim Gang durch Vorder- und Hinterscheureck fand der Wanderer ein Eldorado von grelleuchtenden Sumpfdotterblumen und Vergißmeinnicht, dem Wiesenschaumkraut und gelben Hahnenfußgewächsen, den in der Nässe wachsenden Weißen Hahnenfuß, in dessen Nähe im Sommer tausende von Wollgräsern nasse Wiesen und Weiden zierten. So tiefrot können nur in Höhenlagen die Licht- und Steinnelken, wie man sie am Wegrand in Scheureck sah, blühen. Violett bis tiefblau leuchteten die Glockenblumen auf den mageren Brachen und die Wucherblumen oder Margeriten zeigten auch hier ihre Daseinsberechtigung. Gemswurz und Alpenlattich, Alpentroddelblumen (Soldanella montana) und der violette Bergenzian weisen schon namenmäßig auf ihren Höhenstandort hin, während Arnika und Katzenpfötchen, Habichtskraut und Blutwurz anderweitig auch vorkommen. Den Birken war es in dieser Höhenlage etwas zu rauh, während die glattrindigen Vogelbeerbäume den Stürmen und Witterungsunbilden standhielten. Ihre korallenroten Beeren leuchteten weithin in die tiefverschneite Winterlandschaft und lockten scharenweise die Quitschei (Wacholderdrosseln) herbei, die Lehrer Kufner vom Klassenzimmer der Scheurecker Schule aus geschossen hat. Der Getreidebau bezog sich auf Hafer und etwas Korn, während die Kartoffel in genügender Menge gesteckt wurde, sodaß an den Hauptnahrungsmitteln Milch und Kartoffeln kein Mangel war. Eine kleine Küchenbereicherung erfolgte in der Zeit der Schwarzbeerenernte und des Pilzesammelns.
Die Ortschaft Scheureck bestand aus Vorderscheureck und dem etwas hinterleidigem Hinterscheureck, wo auch der Schnee länger liegen blieb. Die ersten Siedler sollen Landwirte gewesen sein, welche die zu besiedelnde Hochfläche durch Sengen und Brennen rodeten. In einem Bericht heißt es, daß nach dem Brennen und Sengen der zur Siedlung freigegebenen Fläche im Jahre 1775 Unmengen von Futter gewachsen sein soll. Die darauffolgende Siedlerwelle bestand aus Holzhauern aus dem Unterland und dem Passauer Bistum. Die Häuserbauweise entsprach ganz den dortigen Witterungsverhältnissen. Unter einem Dach waren Menschen, Tiere und Vorräte untergebracht. Das Vorhaus, die große Wohnstube, die Kammer und das Stübl waren aus kräftigen, mit der Breithacke behauenen Fichtenstämmen gezimmert, innen angeworfen und sauber verputzt, außen mit Brettern oder Schindeln verschlagen. Am Dachboden war noch Platz für ein Dachzimmer. Am Vorhaus anschließend, mit einer Türe verbunden, die Stallung aus solidem Granit gemauert, und von da führte eine Türe in den geräumigen Stadel mit den Futtervorräten und der Streu. Die Bedachung bestand aus Holzschindeln, die jederzeit erneuert werden konnten und 15 bis 25 Jahre hielten. Stube und Kammer hatten massive Holzdecken, ebenso das Stübl. Der Fußboden bestand aus breiten starken Brettern, die auf den „Kothölzern" ruhten. Die Stalldecke war ebenfalls aus Holz und das Vieh stand auf den starken Stall-

brücken, die aus Tannenholz waren und deshalb lange Zeit hielten. Diese Häuser waren wie eine Festung und wenn die Tschechen zu deren Vernichtung nicht moderne Maschinen gehabt hätten, ständen sie jetzt noch oder man hätte sie niederbrennen müssen.

Daß die Scheurecker aus zwei Siedlungsgebieten kamen bewies der Umstand, daß die Vorderscheurecker mehr die Mundart der Österreich-Siedler sprachen, während die Hinterscheurecker der bayerischen Grenzmundart angepaßt waren, – vergl. Böitl – Bitl = Bild. Außerdem haben sich Vorder- und Hinterscheurecker gerne geneckt und gegenseitig leicht ausgespöttelt wie dieses Schnaderhüpfl zeigt:

Im Hintern Scheireck
habms 7 Goiß und siebn Böck
Und wanns sunst koa Freud ham
lossns Goiß und d Böck zam.

Diese kleinen Sticheleien sagen noch lange nicht, daß sich die Scheurecker nicht vertragen hätten. Nach außen bildeten sie im Brauchtum, in ihrer Lebensweise, beim Handel, bei der Tanzmusik eine geschlossene Einheit, wovon die Redewendung „In Scheureck lernt ma(n) a Monier“ zeigt.

Scheurecks Bevölkerung war sehr sangesfreudig, was Herrn Oberlehrer Strunz veranlaßte, in dem nur 180 Einwohner zählenden Ort mit einklassiger Volksschule einen Männerchor zu gründen, der ganz gute Leistungen erbrachte. Besonders erwähnenswert ist die Scheurecker Musikkapelle, die durch das Können der Bläser, vor allem der Klarinettisten, in allen Nachbarorten umworben war. Scheurecker Musikanten waren schon lange und überall in allen Walddörfern beliebt.

So karg, bescheiden und armselig Scheureck auch scheinen mag, die Bewohner waren durchaus wohlhabend. Während des langandauernden Winters erzeugten sie in allen Häusern mehrere Schock Holzschuhe, die der geschäftstüchtige Habelsberger ankaufte und verschickte. Andere Bewohner zeigten wiederum besonderes Geschick im Schnitzen von Miniaturholzschuhen, die Habelsberger jun. veredelte und weithin versandte. Er besuchte mit seinen Erzeugnissen sogar 1939 die Leipziger Messe. Emil Habelsberger war als Limonadenhersteller sehr bekannt und seine „Kracherln“ waren ein erquickendes Durstgetränk. Im Hause des Hermann Habelsberger war die Gastwirtschaft und ein Gemischtwarenladen, wo sich die Leute mit allen notwendigsten Waren eindecken konnten.

Eine Einnahmequelle von großer Bedeutung war das Beerensammeln, vor allem das Pflücken der Himbeeren, die in den Südhängen des Waldes gegen den Teufelsbach in großen Mengen vorkamen und von den bayerischen Aufkäufern gut bezahlt wurden. Kinder sammelten Beeren am Scheureckberg (1062 m) und Hansblumen in den Viehweiden, die sie beim Hasterlikn Hermann verkauften. An Pilzen wurden nur „Dobernigl“ (Steinpilze) gesammelt, aufgeschnitten und getrocknet – ein guter Wintervorrat für Suppen und Soßen. Auch Rehgeiß (Pfifferlinge) wurden gedünstet und recht schmackhaft zubereitet.

Die Holzhauer waren in den ehemaligen Fürst Schwarzenbergischen Wäldern des Forstamtes Fürstenhut, seit 1920 verstaatlicht, tätig. Der Scheurecker Heger gab ihnen Anweisungen beim Schlägern, Scheiterziehen und Schwemmen. Das Hegerhaus stand in Hinterscheureck in Richtung Schwelle (Hs. Nr. 23). Heger Brunner war sehr beliebt und geachtet!

Die ehemaligen 180 Bewohner der zur Gemeinde Kuschwarda gehörigen Ortschaft Scheureck leben wohl weit verstreut, zeichnen sich aber durch Strebsamkeit und Fleiß aus und haben sich längst in der neuen Heimat ein eigenes Heim geschaffen.

Im Ortsteil Vorderscheureck erkennt man noch am Haus des Fenzei Richard (Richard Blaschko Hs. Nr. 8) das ehemalige Glockentürmchen, während in Hinterscheureck alle Häuser dem Erdboden gleich gemacht wurden, ebenso das Haus des Wimmer Franz mit der dortigen Ortsglocke (Hs. Nr. 17).

Fragt man am Mitterndorfer Parkplatz Leute, die unablässig in die verlorene Heimat hinüberschauen, was sie da Interessantes sehen, geben sie zur Antwort: „Dort bin ich über die Grenze, als die Tschechen mich einsperren wollten.“ Andere wiederum sagen mit Tränen in den Augen: „Ich bin von Scheureck.“

Emil Spitzenberger

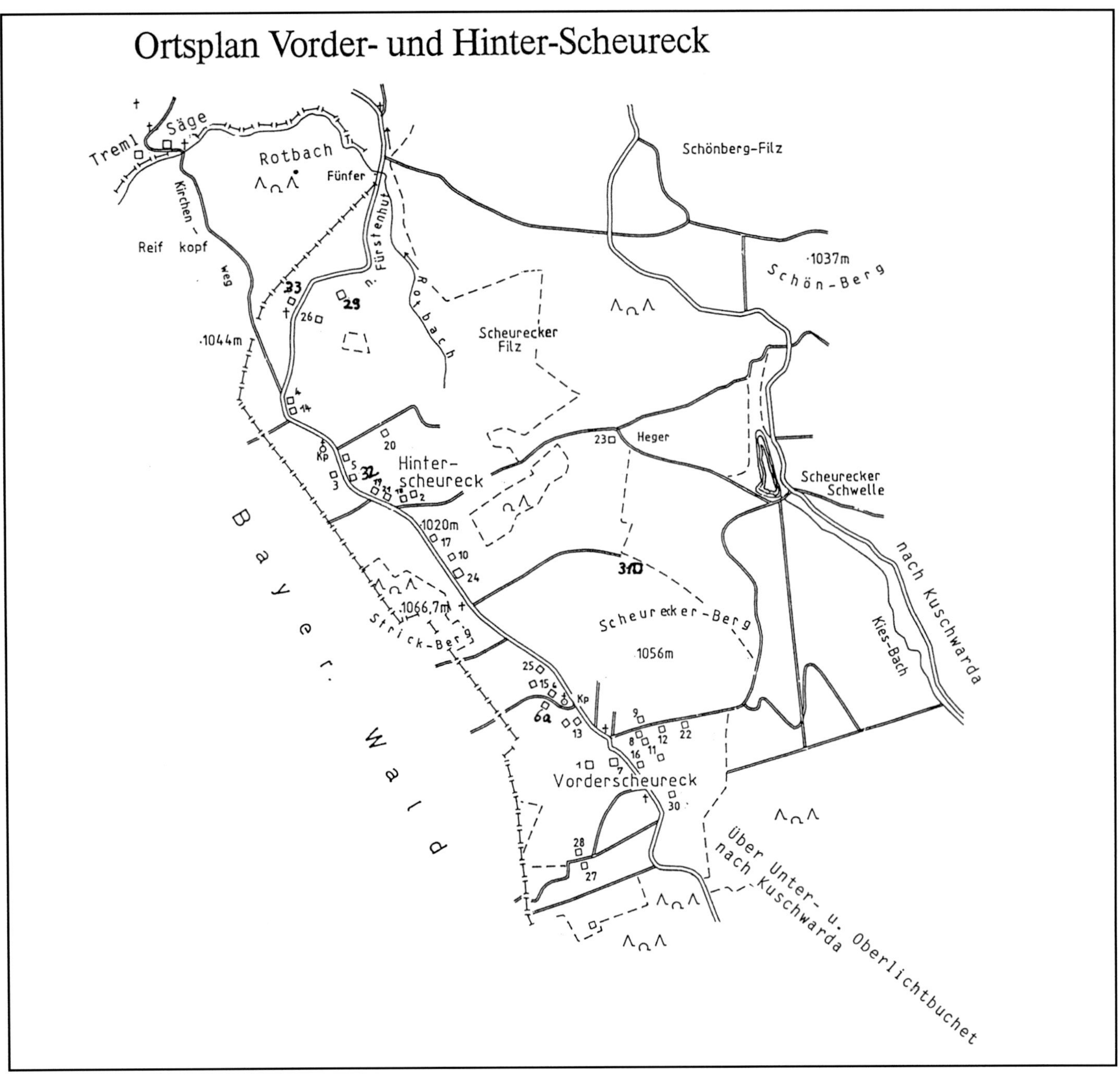

Letzte Siedler von Vorder- und Hinterscheureck vor der Vertreibung 1949

Nr.	Name	(Hausname)
1	Heinzl Wilhelm	Mothiasn
2	Baier Adolf	Köppei Adolf
3	Nader Wilhelm	Kantusn Wilhelm
4	Hopfinger Adolf	Raimundn Adolf
5	Hopfinger Johann	Raimundn Johann
6	Habelsberger Emil	Hastalikn Emil
6a	Urschl Walter	Hastalikn Emil „I-Haus“
7	Sitter Franz	Sitter Franz
8	Blaschko Richard	Fenzei Richard
9	Baier Ruppert	Rupertn
10	Baier Josef	Wimmer Anton
11	Herzig Josef	Xanda Seppei
12	Blaschko Rudolf	Luisei
13	Habelsberger Herm.	Hastalikn Hermann
14	Schwarz Adolf	Schwarzn
15	Habelsberger Franz	Hastalikn Franzerl
16	Stögbauer Hermann	Mine Hermann
17	Michetschläger Franz	Wimmer
18	Kölbl Adolf	Jogl
19	Nader Franz	Nader
20	Fuchs Adolf	Fuchsn
21	Baier Marie	Luisn
22	Baier Anton	Rupertn Anton
23	Hegerhaus	
24	Schule	
25	Herzig Heinrich	Hansl Rudolf
26	Hopfinger Anton	Küha Hansl
27	Klinginger Herbert	Piusn
28	Herzig Wilhelm	Xander Wilhelm
29	Hopfinger Franz	Raimundn Franz
30	Stögbauer Franz	Urschl Franz
31	Blaschko Josef	Fenzei Pepi
32	Nader Franz	Kantusn Franz
33	Nader Kilian	Nader Kili

Scheureck mit den Einzelbildern vom Hastalikn und der Schule.

Die Unterröcke von Scheureck

Die Scheurecker waren fleißige Kirchgänger. In Scharen gingen sie am Sonntag den Kirchenweg übern Reifkopf runter, an der Tremlsäge vorbei, hinauf zum Peschl-„Gstoanarat" zur Kirche. Die Frauen trugen ihre schönsten Kleider, die durchwegs schwarz waren. So ein Kleid mußte viele Jahre, wenn nicht ein Leben lang, halten. Der Weg war vielfach naß und schmutzig. Die Röcke, die bis zum Boden reichten, wären bis zur Kirche total beschmutzt und bespritzt worden. Also haben die Scheureckerinnen kurzerhand ihre Röcke bis in die Hüfte hochgehoben und gingen mit den Unterröcken bis kurz vor die Kirche. Die Unterröcke waren alle rot, von weinrot bis feuerrot. Diese Prozession mit den roten Unterröcken hat immer sehr lustig ausgesehen.

Scheureck,
Steine gabs und die nicht wenig.

Die Schule von Scheureck.

Der Überfall

Das „Schweineschlachten" war im Hause ein großes Fest. Einmal im Jahr konnte man soviel Fleisch, Suppe oder Wurst essen, wie man gerade wollte. Auch die Nachbarn bekamen noch vom Fleisch, der Suppe und der Wurst.

Leberwurst, Blutwurst und Preßsack wurden gemacht. Damit das Schweineblut für die Wurst nicht gerann, wurde es ganz schaumig geschlagen. Und gerade lustig gings zu. Kein Wunder, daß dem einen oder anderen dumme Gedanken kamen.

In Scheureck wurde einmal ein guter Liter von dem schaumigen Blut zweckentfremdet und in eine große Spritze gefüllt. Zwei Männer schlichen sich mit der gefüllten Spritze und einem geladenen Gewehr in die Dunkelheit. Bei einem kleinen Haus warteten sie mit Ruß beschmierten Gesichtern, bis der Mann in der Stube nahe am Fenster vorbeiging. Jetzt handelten beide Männer zur gleichen Zeit. Mit furchtbarem Getöse ging direkt am Fenster das Gewehr los. Die Fensterscheibe wurde mit der Spritze eingestoßen und in Sekundenschnelle das Schweineblut auf den Bauch des Mannes gespritzt. Der Schreck konnte nicht größer sein. Der fürchterliche Knall, das Mündungsfeuer, das zerbrochene Fenster und das viele Blut. Der Getroffene, der vor Schreck fast gelähmt war, schrie: „Helft's ma, helft's ma, mi ham's daschossn!"

Die Flucht

Erich und ich waren in den Weihnachtsferien zu Besuch bei Habelsbergers. Tante und Onkel mußten um fünf Uhr aufstehen, um das Vieh zu versorgen.

Dabei wachten wir auf und konnten nicht mehr einschlafen. Der Grund war der Christbaum, direkt am Fußende der Betten. Er war über und über mit Zuckerwerk und Schokolade behangen. Wir griffen in der Finsternis nach diesen Süßigkeiten. Hatten wir eine Handvoll erbeutet, zogen wir uns zum Verzehr ins Bett zurück.

Die Tante und der Onkel hatten keine Kinder und so kam es, daß die Schokolade vom Christbaum nie aufgegessen wurde und zum Teil schon mehrere Jahre alt war. Diese Schokolade war schon ungenießbar, sie schmeckte wie Seife. So wurden die meisten Beutestücke wieder ausgespuckt und so weit es bei der Dunkelheit möglich war, zwischen den Betten versteckt.

Als es langsam hell wurde, sahen wir den Schaden. Der Christbaum sah jämmerlich aus. Kein Stück Zuckerwerk mehr, alle Glokken zerschlagen, Schnüre und Engelhaar hingen herunter. Eine Katastrophe. Aber erst die Betten: Leintücher und Betten waren über und über mit Schokolade beschmiert. Die ausgespuckte Seifen-Schokolade hing zum Teil noch in Klumpen an den Betten.

Jetzt mußte rasch gehandelt werden. Schnell angezogen, schon kam die Tante in die Küche. Überrascht, daß wir schon aufgestanden waren, meinte sie: „Ja Buam, seid's ihr heit scho auf."

Wir woll'n heit nimmer länger im Bett bleim", meinten wir.

Als die Tante dann wieder in den Stall ging, waren wir raus aus dem Haus, die Ski angeschnallt, ab gings, nur schnell fort vom Haus, damit uns niemand mehr erwischte.

Gasthaus Kraemerei Hermann Habelsberger (13) – beim Hastalikn.

Die „Kracherl-Erzeuger" Emil und Rosa Habelsberger (6) vor ihrem Haus.

Die Scheurecker-Schwelle. Das war eine der Trift-Klausen. Hier wurde das Wasser gestaut um das Holz zu triften oder, wie man sagte, zu verschwemmen.

Ein Blick von der Grenze nach Scheureck. Die Bäume im Vordergrund waren schon auf bayerischem Gebiet.

Finsterau – die Nachbargemeinde auf bayerischem Gebiet. Die Bewohner hatten unter dem Vertriebenen- und Flüchtlingsstrom viel zu leiden. Fast in jedem Haus waren Flüchtlinge untergebracht.

PATENSCHAFTS-
URKUNDE

Angesichts des tragischen Schicksals der Millionen von deutschen Landsleuten, die nach 1945 völkerrechtswidrig aus ihrer angestammten Heimat vertrieben worden sind, faßte der Gemeinderat der Gemeinde Finsterau am 21. Mai 1975 einstimmig den Beschluß, die PATENSCHAFT ÜBER DIE EHEMALIGE PFARRGEMEINDE FÜRSTENHUT, mit den Gemeindeteilen Fürstenhut, Buchwald und Scheureck zu übernehmen.
Die Gemeinde Finsterau hat in den ersten Jahren der Vertreibung vielen Heimatlosen Obdach gewährt.
Mit dieser Urkunde bekräftigt die Gemeinde Finsterau ihre Verbundenheit mit allen Heimatvertriebenen, insbesonders mit den ehemaligen Angehörigen der Pfarrgemeinde Fürstenhut.
Möge das gemeinsame Bemühen dazu führen, das unermeßliche Unrecht der Vertreibung zu mildern und unserer deutschen Heimat eine glückliche Zukunft zu sichern in Frieden und Freiheit.

Finsterau, den 27. Juni 1976

1. Bürgermeister der Gemeinde Finsterau

Der Text der Urkunde besagt eigentlich alles. Und doch ist etwas hinzuzufügen. Der Dank an alle, die uns in dieser schweren Zeit zur Seite gestanden sind und gleich in welcher Art und Weise geholfen haben. Der besondere Dank gebührt dem damaligen Bgm. Wolf, der immer ein offenes Ohr hatte und sich unermüdlich für die Linderung des Elends der Flüchtlinge und Vertriebenen eingesetzt hat. Der Gemeinde Finsterau sei gedankt für die Übernahme der Patenschaft. Nicht zu vergessen sei die Gemeinde Mauth, die unter den gleichen Problemen litt wie die anderen Gemeinden. Nach Zusammenlegung der beiden Gemeinden übernahm die Gemeinde Mauth ebenfalls die Patenschaft über die ehemalige Pfarrgemeinde Fürstenhut. Auch ihr sei gedankt.

Altreichenau, am 14. Juni 1951

Sehr geehrte
Familie Soukup.

Entschuldigen Sie, wenn ich erst heute Ihre beiden freundlichen Einladungen zu Johanni nach Finsterau beantworten kann. Ich habe den Gedanken die Johanni-Kirhwa in Finsterau zu feiern und damit ein Heimattreffen zu verbinden freudigst begrüßt. Wir könnten das zur Tradition werden lassen und alljaährlich Johanni in Finsterau feiern. Mich hat es sehr gefreut, daß man diesen Hedanken aufgegriffen hat. Ich konnte erst zusagen, wenn ich eine Aushilfe über Sonntag gefunden hatte. Nun ist es mir doch gelungen, muß die Aushilfe jedoch von Passau heranbringen. Ich komme schon am Samstag, dèn 23.6. abends nach Finsterau und bleibe bis Sonntag abends oder Montag früh. Habe heute auch H. Pfarrer in Finsterau, ehemals Pfarrer von Neugebäu, geschrieben und ihn ersucht, daß er uns das Amt überläßt. Ich würde dann das Amt mit Predigt nehmen. Wenn es möglich wäre, könnten wir es dann ganz nach unserer Art gestalten und auch den Kirchenchor mit unseren Kräften besetzen. Sie, Herr Soukup, werden das Orgelspielen doch sicher noch nicht verlernt haben. Alte Sänger und Sängerinnen werden sich sicher auch noch finden. Aber das kann ich jetzt noch nicht bestimmen, darüber muß der Pfarrer von Finsterau verfügen. Er wird es sicher gerne machen und uns entgegenkommen soweit er kann. Er muß allerdings auf seine Pfarrkinder Rücksicht nehmen, seinen eigenen Kirchenchor u.sw. Sie wissen ja, die Bayer sind da sturr wie Panzer. Sie werden sicher recht viele schon verständigt haben. Ich denke mir das Johanni-Fest in Finsterau wie folgt. UM 9 Uhr oder 9³⁰ Uhr Amt mit Predigt und nachmittags Gang zur Grenze mit einer Andacht an einer Kapelle an der Grenze und dann gemütliches Beisammensein. Ich habe es natürlich ganz H. Pfarrer überlassen, wie er es festsetzt, vielleicht auch einen eigenen Gottesdienst für uns etwas später als Amt mit Predigt. In diesem Fall wären wir dann ganz unter uns und könnten unseren Kirchenchor selbst bestimmen. Auch der alte Messner müßte dann seines Amtes walten. Da wären wir wieder einmal ganz daheim wie zu Johanni. Ihr werdet wohl erst am Sonntag mit Omnibus eintreffen? Ich werde mit H. Pfarrer am Abend zuvor alles besprechen und kann Ihnen gleich morgens Bescheid sagen. Jedenfalls tun Sie sich für alle Fälle für den Kirchenchor bereit halten und auch die Sänger und Sängerinnen, Schmied Fanny und Meisetschläger Anna sind bei Euch, mitnehmen. Eine lateinische Messe werdet Ihr doch noch fertig bringen oder das Deutsche Amt von Schubert. "Wohin soll ich mich wenden.." wäre noch passender. Ich denke, daß genug Sänger und Sängerinnen sich finden werden. Die Fürstenhuter waren ja immer sangesfreudig. Vergesst auch nicht Lieder für das gemütliche Zusammensein, vor allem das Fürstenhuter Lied. Ich kann den Text nicht mehr. Es muß jedenfalls schön werden, sodaß wir uns wieder einmal dahoam fühlen. Dem Messner, dem Posterer -Vodern werde ich auch noch schreiben, daß er die Sache in die Hand nehme und organisiere und alle verständige in der Umgegend. Ich werde auch einigen noch schreiben. Die Finsterauer werden uns wohl trotz ihrer angeborenen boyerischen Sturrheit Verständnis entgegenbringen, zumal sie ja auf Johanni immer unsere Gäste waren. Wir wollen das Johanni-Fest dann zum alljährlichen Heimattreffen machen, bis wir es wieder dahoam feiern, dann können die Finsterauer wieder zu uns kommen.

Auf ein frohes Wiedersehen zu unserem Kirchenfest auf Johanni in Finsterau und verbleibe mit vielen herzlichen Grüßen an Sie und Ihre Familie und alle Fürstenhuter

Euer Heimatpfarrer
Schmidt

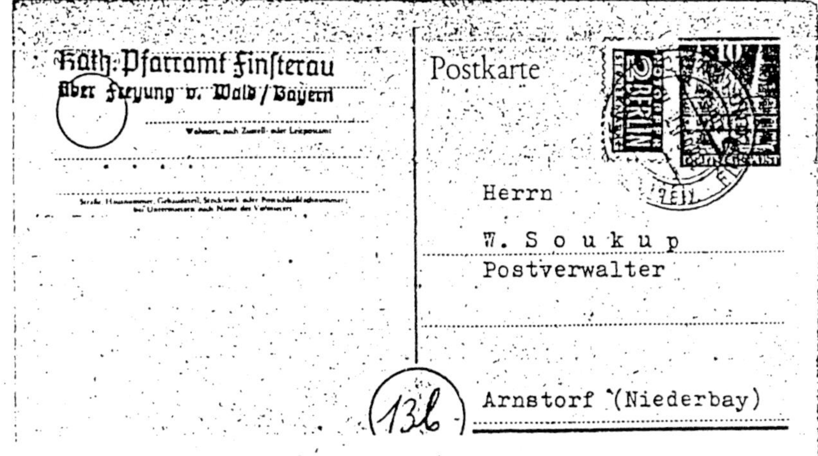

Kath. Pfarramt Finsterau
über Freyung v. Wald / Bayern

Postkarte

Herrn

W. Soukup
Postverwalter

Arnstorf (Niederbay)

Finsterau, am 15.Juni 1951.

Sehr geehrter Herr!

In Beantwortung Ihres Schreibens vom 14.6.d.J. teile ich höflich mit, dass der Herr Pfarrer von Fürstenhut mir heute mitteilte, dass er am 24.Juni kommen wird u. um 10Uhr in Finsterau Gottesdienst und Predigt für seine Pfarrangehörigen halten wird. Nachmittag ist gemeinsamer Gang zur Grenze. Da ich Pfarrer von Neugebäu war, zu welchem Orte Fürstenhut einst gehörte, habe ich auch ein grosses Interesse am Gelingen des Heimattreffens. Es würde mich freuen, Landsleute wieder zu treffen Für den Gottesdienst um 10Uhr wird die Kirche den Fürstenhutern allein zur Verfügung stehen, da ich die beid Gottesdienste schon früher halte.

Mit freundl. Heimatgrüssen

Franz Grillinger
Pfarrer.

Und das waren die Teilnehmer des ersten Treffens der Pfarrgemeinde Fürstenhut in Finsterau. Dieses Treffen kam auf Anregung von Hr. Soukup und Mitwirkung der beiden Pfarrer Wenzl Schmidt und Grillinger zustande.

Einige Nachbarorte:

Ferchenhaid – Nachbarort von dem schon so viel die Rede war.

Neugebäu. Zu dieser Kirche gehörte die spätere Pfarrgemeinde Fürstenhut zuerst als Expositur.

Kaltenbach – so behaupteten böse Zungen – wäre der Hauptsitz der Schmuggler gewesen.

Winterberg – war die nächstgelegene Stadt.

In Mader war schon ein großes „Touristenhaus".

Der Sonderzug

Von einem Fremdenverkehr konnte man damals noch nicht sprechen. Es waren halt einige Touristen da. Es fehlte auch an Unterkünften. Besser war damals schon Buchwald dran. Die beiden Hotels Fastner und Peschl waren ihrer Zeit voraus. Anfänge der organisierten Reisen gab es erst während des Krieges.

In eine nicht weit entfernte Gemeinde mit Bahnanschluß kam ein Sonderzug. Der Bürgermeister begrüßte voller Freude die Touristen. Nur mit dem Reden tat er sich etwas schwer. Und so sagte er:

„Wir danken unserem Führer, daß er uns a so durcheinander gebracht hat."

Nun wieder zurück in den Böhmerwald, ins Jahr 1926.

Ein Heimatfest konnte gefeiert werden. Die Häuser, die Wiesen und Felder waren Eigentum geworden. Die über hundert Jahre dauernden Bemühungen um die Grundeinlösung hatten Erfolg. Die Kosten waren fast vergessen. Man war freier Mensch. Das Haus, die Scholle wo man aufwuchs, wurde zur Heimat, die jedem gehörte. Das konnte und mußte gefeiert werden, wozu nah und fern geladen war. Die Auswanderer hörten den Ruf bis nach Amerika und kamen wie viele, viele aus allen Richtungen.

„Und tief im Böhmerwald, da ist mein Heimatsort . . .“

Liebe Heimatkinder!
Liebe Landsleute!

Auf Wunsch der vielen Heimatkinder, die in der Fremde leben, veranstalten wir ein Heimatfest, das uns mit unseren Heimatfernen auf einige Tage vereinigen und lieben Gästen aus nah und fern ein Bild vom Leben und Treiben in den Holzhauerdörfern in alten und jungen Tagen bieten soll.

Kommet alle heim!
Kommet zu uns!

Die Gemeinden Buchwald, Fürstenhut und Scheureck.

Die Holzhauerdörfer Buchwald, Fürstenhut und Scheureck liegen am Böhmerwaldkammweg in der Nähe des Moldauursprungs. Die nächsten Bahnstationen an der Bahn Strakonitz–Wallern sind Freiung oder Eleonorenhain; für Fahrgelegenheiten ist an den Stationen und im Orte gesorgt.

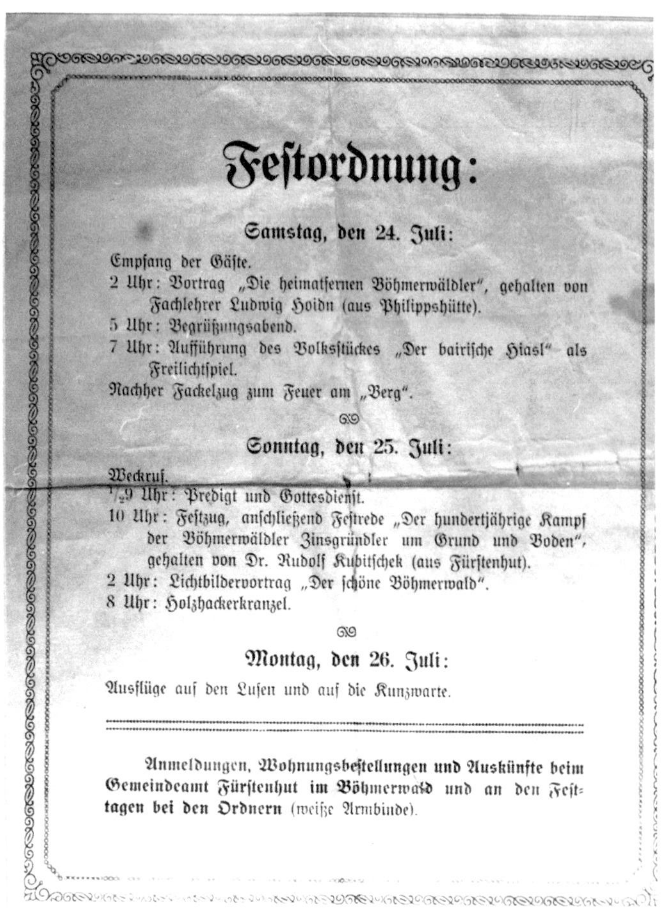

Festordnung:

Samstag, den 24. Juli:

Empfang der Gäste.
2 Uhr: Vortrag „Die heimatfernen Böhmerwäldler“, gehalten von Fachlehrer Ludwig Hoidn (aus Philippshütte).
5 Uhr: Begrüßungsabend.
7 Uhr: Aufführung des Volksstückes „Der bairische Hiasl“ als Freilichtspiel.
Nachher Fackelzug zum Feuer am „Berg“.

Sonntag, den 25. Juli:

Weckruf.
½9 Uhr: Predigt und Gottesdienst.
10 Uhr: Festzug, anschließend Festrede „Der hundertjährige Kampf der Böhmerwäldler Zinsgründler um Grund und Boden“, gehalten von Dr. Rudolf Kubitschek (aus Fürstenhut).
2 Uhr: Lichtbildervortrag „Der schöne Böhmerwald“.
8 Uhr: Holzhackerkranzel.

Montag, den 26. Juli:

Ausflüge auf den Lusen und auf die Kunzwarte.

Anmeldungen, Wohnungsbestellungen und Auskünfte beim Gemeindeamt Fürstenhut im Böhmerwald und an den Festtagen bei den Ordnern (weiße Armbinde).

Professor Dr. Kubitscheck, geborener Fürstenhuter, der in Pilsen lehrte, hat die Durchführung des Festes angeregt und mit organisiert.

Professor Dr. Kubitscheck in der Kleidung eines Holzhauers beim Heimatfest.

Begrüßung beim Heimatfest durch Bürgermeister Wolf in der Mitte, rechts Dr. Kubitscheck und links Schuster mit dem Spitznamen „der Tausendluiger von Heinrichsbrunn“.

Festansprache beim Heimatfest.

Festwagen und Gruppen aus vielen Orten beteiligten sich am Festzug.

Diese Gruppe durfte natürlich im Festzug nicht fehlen. So sah bei uns der Faschingszug aus. Von links Selbitschka Marie, Weberlin, Xoiverl Kathi, Jordan Marie, Rudolfn Franz, Piusn Adolf.

Die zweite von links – die Weberlin – war die beste Märchenerzählerin des Böhmerwaldes.

Die Gruppe Schmuggler und Wilddiebe mit schwarzen Gesichtern durfte ja auch nicht fehlen. So mancher wird sich „geärgert" haben, daß ihm hin und wieder ein Bock direkt in den Schuß gelaufen ist. Von links d' Gigerer, Hansei Hermann, Schwarzschädl Leopold. Hinten vorm Baum links Treml Rosa.

Kinder- und Jugendgruppen – darunter die „Sterndlsinga".

Der „Mandlsepp“ galt als der Pascherkönig im ganzen Gebiet. Solche Figuren mußten im Festzug gezeigt werden und wurden dargestellt von : 1. Polizist von links Urschl Walter, 2. Polizist rechts Emil Habelsberger. Den Mandl Sepp stellte Raimundn Hans dar, der Wimmerbub von Scheureck war der Taferlbub.

Beim Kölbl waren verschiedene Spiele aufgestellt.

Die Rinden-Holzhauerhütte wurde extra für dieses Fest aufgestellt. Die Jäger und Holzhauer wurden dargestellt von: von links Johann Strunz (Fürstenhut), Wimmer Anton (Scheureck), Eller Hans (Finsterau), Professor Dr. Rudolf Kubitscheck, Leopold Kubitscheck (Fürstenhut), Franz Ratzisberger (Finsterau), Selwitschka Fritz (Finsterau), Lorenz Dellawalle (Finsterau), Wendelin Klostermann (Finsterau), Wilhelm Nader (Scheureck), Fritz Fastner (Buchwald). Knieend von links: Wimmer Peperl (Fürstenhut), Ludwig Kellermann (d' Grieser, Finsterau) und Alois Meisetschläger (Fürstenhut).
Schon die Zusammenstellung dieser Gruppe zeigt wie das nachbarliche Verhältnis der böhmischen und bayerischen Nachbarorte war. Einer kannte den anderen.

Wenn schon von der Gruppe niemand mehr erkannt wird, dann ist wenigstens der Ordner bekannt. Es ist Strunz Edi (Fürstenhut). Er wurde nach dem Krieg von den Tschechen eingesperrt und kam im Gefängnis ums Leben.

Eine Tanz- und Heimatgruppe in ihrer Tracht.

Nach Mannheim sind aus den Dörfern soviele ausgewandert, daß sie dort eine eigene Musikkapelle gründeten. Die durfte natürlich auch nicht fehlen.

Das war Jahre später. Man stellte zum Gedenken an die Grundeinlösung zwischen den Anwesen Tahedl und Kölbl diesen Gedenkstein auf. Die drei alten „Ehrenholzhauer" gingen in der ältesten Kleidung die aufzutreiben war. Der Katherl Pepi – ganz rechts im Bild – ich stand neben ihm – meinte: „Zu dem Feiertag hätt'n sich de scho a weng schöna anziahng kina."

Der Große ist der Pius, dann der Schwiegervater vom Hansl Johann und der Schuaster Girgl.

Diese Männer gehörten zu denen, die das jahrzehntelange Bemühen um die Grundeinlösung mit zum Erfolg führten. Von links: ein Vermessungsingenieur, Bürgermeister Franz Treml, Michael Ratzisberger, Alois Kölbl, Lehrer Peter, Lehrer Habelsberger. Sitzend: zwei Verwaltungsbeamte – dem Aussehen nach wie Stellvertreter des Fürsten.

Das war auch ein großer Tag im Böhmerwald. Der KAISER, der gleich nach dem Herrgott kam, besucht den Böhmerwald. Kaiser Franz Josef in Winterberg.

Einer der „Größten“ des Böhmerwaldes war er, dessen Denkmal in seinem Geburtsort Oberplan stand. Der große Dichter des Böhmerwaldes – Adalbert Stifter. Zu seinen bekanntesten Werken gehören: Heidedorf, Hochwald, Die Narrenburg, Abdias, Witiko, Nachsommer u. a.

Auf Veranlassung von Dr. Rudolf Kubitscheck setzte der Böhmerwaldbund Andreas Hartauer am 25. Juli 1937 ein Denkmal. Auf dem Denkmal steht: „Dem Andenken des Glasmachers Andreas Hartauer, der der Welt das Lied, Tief drin im Böhmerwald geschenkt hat".

Tief drin im Böhmerwald

Dort tief im Böhmerwald, da liegt mein Heimatort.
Es ist gar lang schon her, daß ich von dort bin fort.
Doch die Erinnerung, die bleibt mir stets gewiß,
daß ich den Böhmerwald gar nie vergiß.
Es war im Böhmerwald, wo meine Wiege stand,
im schönen, grünen Böhmerwald!
Es war im Böhmerwald, wo meine Wiege stand,
im schönen grünen Wald.

O holde Kinderzeit, noch einmal kehr' zurück,
wo spielend ich genoß, das allerhöchste Glück.
Wo ich am Vaterhaus auf grüner Wiese stand
und weithin schaute auf mein Vaterland.
Es war im Böhmerwald . . .

Nur einmal noch, o Herr, laß mich die Heimat seh'n,
den schönen Böhmerwald, die Täler und die Höh'n.
Dann kehr ich gern zurück und rufe freudig aus:
„Behüt dich Böhmerwald, ich bleib zu Haus."
Es war im Böhmerwald . . .

Das Denkmal für Andreas Hartauer wurde am Kreuzwaldl in Eleonorenhain aufgestellt. Das Lied „Tief drin im Böhmerwald" wird heute noch auf der ganzen Welt gesungen und gibt so Zeugnis von unserer deutschen Heimat, dem „Böhmerwald".

Der Wald war ihr Leben. Der Wald hat sie ernährt. Der Wald war auch ihre Erholungsstätte.

Von 1930 stammt diese Aufnahme. Im Vordergrund von links: Ambros Dörndorfer, Josef Dörndorfer und Franz Nader aus Scheureck. Dahinter drei Touristen aus Dresden.

Was wurde nicht alles aus Holz gemacht. Alles was man zum Leben brauchte: Rechen, Gabeln, Kochlöffel, kleine und große Gefäße – sogenannte Schaffl, Fässer und tausend andere Dinge. Hier z. B. werden Holzschuhe gemacht. Und zwar in der Stube. Die Stube war alles: Küche, Wohn- und Schlafzimmer sowie Werkstatt.

Eine Holzhauerpartie.

Das Schlachtfest

Endlich war es bei einem Holzhauer soweit. Man konnte es kaum noch erwarten. Morgen wird das Schwein geschlachtet. Soviel Fleisch wollte man essen, wie jeder gerade wollte und konnte. So ein Holzhauer konnte Portionen vertragen, die ließen sich sehen und waren oft des Guten zu viel.

In seiner Vorfreude ging der Holzhauer – nennen wir ihn „Franzl" am Abend vorher noch ins Wirtshaus und genehmigte sich ein paar Halbe. Da machte der Franzl seinen Stammtisch-Freunden den Mund wässrig, als er ihnen erzählte, was er beim Schlachtfest alles essen werde.

Der Metzger Hansl erschien am nächsten Morgen und verrichtete seine Arbeit mit Bravour. Die herrlichsten Würste dampften aus dem Kessel. Fleisch wurde gekocht und gebraten. Das ganze Haus war voller Wohlgerüche. Und gegessen wurde, und es schmeckte und schmeckte. Der Franzl aß noch mehr als er sich ohnehin schon vorgenommen hatte. Doch das viele Fleisch und Fett tat ihm nicht gerade gut. Er wälzte sich, aufgeblasen wie eine Kugel, im Bett hin und her. Der Franzl bekam es mit der Angst – sein letztes Stündchen könnte geschlagen haben. Er sagte zu seiner Frau: „Mi zreißt's – mi zreißt's – i moan, i muaß sterb'n." „Geh' auf's Häusl", meinte seine Frau, „dann wird dir bestimmt leichter."

Franzl zieht sich an, denn das Häusl steht ein Stück vom Haus entfernt über der Wasserschwelle. Seine Frau leuchtet ihm mit der Laterne und Franzl stapft in den Schnee hinaus.

Oh ihr Stammtischbrüder, was habt ihr Böses ausgeheckt. Wer soviel ißt, sagten sie, braucht auch dringend ein Häusl – darum haben sie's am Abend abgerissen und verschleppt.

Dem Franzl fuhr der Schreck in die Glieder – das Häusl ist fort. Vor Schmerz gekrümmt stand er da – aber nicht lange. Wo rohe Kräfte sinnlos walten . . . und die Kräfte waren übermenschlich stark – da gab's nichts mehr zu halten.

Das Schlachtfest ging, wie man so schön sagt, „in die Hose."

Seine Frau sah die ganze Tragödie von der Haustür mit an und sagte: „Ja, du Saubär, du kimmst mir heit nimma in's Bett eini, du kannst im Stall schlaf'n. Bevor du aber net a neu's Häusl baut hast, kriagst a nix mehr zum essen." Und die Laterne wurde gelöscht.

Der Baier Hans von Hüttl war Spezialist im Holzschuhmachen. Hier bearbeitet er das Stück Holz, eingezwängt in die „Hoazlbank", mit dem „Roafmesser".

An diesen Kreissägen wurden Jalousie-Brettchen erzeugt. Zuerst wurden auf dem großen Sägeblatt entsprechende Kanthölzer vorbereitet, dann wurden auf dem kleinen Sägeblatt dahinter feine Brettchen geschnitten, die zu Jalousien verarbeitet wurden. Von links: Willi Treml, Emil Habelsberger und Franz Treml.

Der neue Hut

Kirchweih, ja, das war ein Fest. Größer als Weihnachten oder Ostern. Von nah und fern kam Besuch. Auf weit über hundert Ständen wurde alles angeboten, was das Herz begehrte: Lebkuchenherzen, Zuckerwaren, Kleidung, junge Schweine, Geschirr, Sensen und tausend andere Sachen. Wir „Kleinen" konnten uns gar nicht satt sehen.

Da kaufte sich der Xoiverl Lukas einen neuen Hut, auf den er im Moment so stolz war, wie auf nichts in der Welt. Am nächsten Tag nahm er den Hut sogar zur Arbeit mit, ließ ihn von jedermann bewundern. Ja sogar an der Kreissäge, wo die Sägespäne nur so flogen, nahm er den Hut nicht ab.

Als er sich am kleinen Sägeblatt weit nach vorne beugen mußte, erwischte das große Sägeblatt den neuen Hut und zerfetzte ihn. Beim Lukas brach eine Welt zusammen. Wann konnte er sich wieder einen neuen Hut kaufen?! Er jammerte: „Ja wos lag denn mir an mein' Kopf dran, wenn nur der Huat ganz bliebm war!"

Auch für Vorhänge wurde Holz verarbeitet. Rund-und Ripsdraht wurden zusammen mit Garn verwebt. Der Längsfaden war Garn und der Querfaden war Holzdraht. Das ergab ganz stabile Fenstervorhänge.

Hier vorne strengt sich d' Schranken Franzl an, einen schönen Holzdraht zu hobeln. Dahinter d' Summer Ferdl und d' Summer Willi.
Zu all diesen Holzwaren konnte nur astreines Holz verwendet werden.

Glauben Sie mir, liebe Leser, daß es für einen Buben hier viel interessanter war, als in der Schule.

Woraus hätte man Siebreifen gemacht, wenn nicht schönes astreines Holz gewesen wäre.
Zuerst wurde Holz dünn gespalten, mit dem Messer zugeschnitten, gut befeuchtet, über eine Nagelwalze gedreht und der Siebreifen konnte gebogen werden.

Beim „Baimisetzn“

Das war eine wichtige Arbeit, denn der Wald, der Ernäher, mußte erhalten bleiben. Um das geschlagene Holz wieder zu ersetzen, wurden reichlich neue Bäumchen nachgepflanzt.

Einige Personen sind auf dieser Aufnahme von 1922 noch bekannt. Von links: Ondrel Johann, rechts seine spätere Frau d' Metzger Marie, dahinter d' Micheilin, dahinter in der letzten Reihe Anton Lankl und rechts daneben d' Ondrel-Liebreich.

Die neue Toilette

Zu meiner Mutter kam ein Mann und sagte: „Maarii, i braaauch a poooa Bree-iida.“

Der Mann sprach so langsam und dehnte alles so hinaus. Wir konnten nur mit äußerster Beherrschung das Lachen zurückhalten. „Ja Franz“, meinte meine Mutter, „die Bretter kannst hab'n. Aber wozu brauchst die Bretter, damit i de Bretterstärke woaß?“

Daraufhin der Mann: „Jaaa woaasst, iii muaaaß ma a nei's ‚Schiiißhaaisl‘ macha.“

Nun war es mit der Beherrschung vorbei. Wir brüllten lauthals los und versuchten, so schnell wie möglich, den Raum zu verlassen, damit uns das nicht mehr erwischte, was meine Mutter uns hinterher warf.

Wie mein Schwager Paul dieses Bild gesehen hat, meinte er: „Des san zwoa Rauber."
Weit gefehlt, das war der Förster Stoiber (links) und der Heger, d' Rudolfn Franz.

Das Heger-Haus von Fürstenhut. Von links: Franz Hoffmann jun., Franz Hoffmann sen., Marie Hoffmann, Adolf Hoffmann sen., der Franzerl, der spätere Dr. und Frau Hoffmann.

Ganz stolz steht er da, der Reichhard, vor einem Teil seines Holzlagers und seinem Sägewerk – wo auch ganz ansehnlich viel Holz geschnitten wurde.

Und so sah das Sägewerk aus, als es die Tschechen zerstört hatten.

Ein Blick nach Buchwald, als der Ort bis auf ein Haus zerstört war.

Das war die Besetzung des Postamtes Fürstenhut. Teufel noch eins, war das nicht gefährlich, drei so fesche Männer, noch dazu mit Pensionsberechtigung, auf die Damenwelt loszulassen? Wie man sieht, waren sie Amtspersonen vom Scheitel bis zur Sohle, mit Fliege und Amtsmiene. Sie hatten den Titel: „Posterer". Von links: Posterer Alois, der Postmeister Soukop und der Posterer Peperl.

Spinnen war eine zusätzliche Beschäftigung der Frauen.

Bis nach Winterberg und Bergreichenstein hat der Onkel die „Kracherl" geliefert. Hier hat er an meiner Schwester eine Hilfe.

Die „Kracherl-Fabrik" Habelsberger. Tante und Onkel beim „Kracherl-machen".

Er konnte mit einem PS aus dem Stall und mit mehreren PS von den Motorenwerken aus Brünn, seine „Kracherl" ausliefern.

Das Aufstossen – Wett-Koppen

Tante Rosa und Onkel Emil haben in Scheureck „Kracherl" (Limonaden) erzeugt. Für uns Kinder war das das „Allerhöchste". Erich und ich waren dort wieder auf Besuch. Wir saßen vor der Haustür auf der großen Steinplatte und tranken „Kracherl" bis zum „Geht-nicht-mehr". Durst war längst nicht mehr vorhanden, aber wir hatten eine Feststellung gemacht. Wird das „Kracherl" schnell mit großem Schluck getrunken, kommt die mitgetrunkene Kohlensäure in Form von Aufstoßen wieder raus. Dazu sagten wir „einen Kopperer rauslassen". Ein neues Spiel war erfunden: „Wer kann die meisten Kopperer rauslassen". (Bei einem einigermaßen großen Schluck waren schon bis zu 15 Kopperer drin!).

Wir gingen wieder zur Tante und fragten: „Könn ma no so a Kracherl ham?". „Ja Buam", meinte sie, „ihr habt ja scho a jeda fünfi – san de Kracherl so guat?" „Mei Tante, de san so vui guat!" „Ja", meinte sie, „dann nehmt's enk so vui wie's woit's." Das war der Freibrief. Damit konnten wir auch noch mit dem zehnten und zwölften Kracherl zum „Wett-Koppen" gehen.

Mit „großem Bahnhof“ wurde Dr. Kubitscheck und seine Mutter empfangen. Hoch zu Roß der Spitzenberger und der Schranken Franzl. Oberlehrer Pauli begrüßte die Gäste.

Leberwurst . . .

Es gibt Menschen, die regen andere Menschen an, ihnen einen Streich zu spielen. So ein Mensch war unser Lehrer Voit. Schon beim Anschauen haben wir spekuliert, was wir ihm antun könnten.

So ist z. B. beim Turnen der Ball nicht bei einem Mitschüler, sondern auf dem Lehrer gelandet. Wir haben in der Klasse mit Spiegeln nach ihm geleuchtet, so daß immer einige Lichtkügelchen um ihn herumtanzten.

Ganz besonders hat uns „mißfallen“, daß er nicht auf seinen Stuhl schaute, bevor er sich setzte – da könnte ja etwas liegen!

Um die Weihnachtszeit, wenn die Schweine geschlachtet wurden, bekamen die Kinder als Pausebrot eine hausgemachte Leberwurst mit in die Schule. Wir haben einmal die Wursthäute eingesammelt, mit Wasser gefüllt, zu einem schönen Stern zusammengebunden und dem Lehrer Voit auf den Stuhl gelegt.

Der Lehrer kam, sah nur in die Klasse, zog sich den Stuhl her und setzte sich. Patsch!!! Sechs Leberwürste platzten und gaben ihren Inhalt – Wasser, Fett und Wurstreste – an das Hinterteil vom Lehrer ab. Die Klasse brüllte – der Lehrer auch: „Wer war das?“ – Totenstille – „Wer was das? Sofort herkommen!!!“ – Niemand rührte sich. Erst jetzt verließ er das Wasserbad und mit einem nassen Hintern auch das Klassenzimmer.

Mit Oberlehrer Paule kam er zurück. Nun wurden Verhöre durchgeführt. Zuerst mit der ganzen Klasse, dann in Gruppen, dann jeder einzeln. Die ausgegebene Devise „niemand weiß etwas“ hat gehalten.

Nach zwei Tagen schloß Oberlehrer Paule die Akte „Leberwurst“ als unaufgeklärt und der Lehrer Voit schaute ab sofort auf seinen Stuhl.

Von links stehend: Pschelerer Rudi, Peschl Hansi, Albert Krickl, Johann Kubitscheck, Heinzl Johann, Pribil Emil, Wimmer Pepi, Heinerle Edenhofer, Michei Hilda, Kuran Lydia, Hugo Frieda, Michl Marie, Kubitscheck Frieda, Kuran Marie, Harant Marie, Weishäupl Luise, Pribil Pepi, Pöschl Erwin.
Sitzend: Johann Weishäupl, Seppn Hansi, Neuburger Hansi, Pribil Adolf, Selbitschka Hubert, Kuran Franz, Weishäupl Kathi, Wimmer Marie, Neuburger Erna, Kuran Lydia.
Unten stehend: Pribil Gusti, Kajetan Otto Marie, Meisetschläger Frieda. Davor sitzend: Franzi Krickl und Marie Schreib. Lehrer Edenhofer.

Zweite Klasse mit Lehrer Glatz. Von links oben: Johann Kehlenberger, Leopold Kubitscheck, Lukas Reichhard, Frieda Selbitschka, Frieda Wolf, Rosa Wolf, Johann Seewald, Otto Reichard, Josef Kubitscheck.
.Mitte: Marie Pribil, Rosa Kölbl, Rosa Meisetschläger, Anna Selbitschka, Elisabeth Meisetschläger, Frieda Zelenka, Wilhelmine Schreib, Franziska Wolf, Marie Leirich.
Unten: Adolf Seewald, Franz Meisetschläger, Erich Schreib, Franz Selbitschka, Rudolf Strunz, Johann Pöhnl.

Im Jahre 1928.
Obere Reihe von links: Franz Kuran, Franz Weishäupl, Johann Heinzl, Otto Pribil, Julius Neuburger, Johann Selbitschka, Willi Hal, Adolf Nader, Lukas Pribil, Johann Selbitschka, Johann Wolf.
Mittlere Reihe von links: Rudi Pribil, Lydia Kuran I, Frieda Strunz, Frieda Selbitschka, Hilde Selbitschka, Lydia Kuran II, Rosa Wolf, Marie Pribil, Rosa Strunz, Kathi Weishäupl, Marie Selbitschka, Jakob Weishäupl.
Sitzend: Hansi Neuburger, Adolf Pribil (?), Johann Kubitschek, Josef Wimmer, Oswald Meisetschläger, Johann Weishäupl, Alfred Pribil, Emil Pribil – Lehrer Edenhofer.

Ski und Rodel gut beim Ausflug der Schule. Ein hochinteressantes Bild von den Anfängen des Skilaufes. Die Skifahrer hatten anfangs nur einen Stock. Der war ganz schön kräftig und wurde so gehalten, wie ihn der Lehrer hält. Wenn es zu schnell wurde, hat man sich auch darauf gesetzt.

Die Schriftsprache

Bei uns haben alle im Dialekt gesprochen. Mit der Schriftsprache wurden wir zum ersten Mal in der Schule konfrontiert.

Der Edenhofer Lehrer zeigte auf verschiedene Dinge und fragte: „Wie heißt das?“ Der Alois von der Böhmseit'n sagte zur Zimmerdecke: „Das ist die Döin.“ Ein anderer meinte, der Fußboden ist die „Trerd“. Dann zeigte der Lehrer auf den Mund. Weil fast alles falsch war, was geantwortet wurde, waren alle schon vorsichtig, nur ich nicht. Ich meldete mich sofort, denn das wußte ich. Gefragt – sagte ich „das ist das Maul.“ Ein furchtbares Gelächter besagte mir, daß meine Antwort, obwohl ich doch so sicher war, wohl nicht ganz richtig gewesen sein konnte.

Hintere Reihe von links: Peschl Herta, Seppei Elsa, Kuran Anna, Hedwign Annerl, Katterl-Peppi Erna, Kollenberger Emma, Heger Antschi, Kuran Elsa, Selbitschka . . . (?), Kuran Frieda, Neuburger Anna, Ernesn Annerl, Pschelerer.
Stehend: Reichhard . . . (?), Peschl Erwin, Hugo . . . (?), Schreib . . . (?), Trude Keusch, Emil Pribil, Krickl Frieda, Edenhofer Heini, unbekannt (?), Selbitschka . . . (?), Adlhartn Stefan.
Sitzend von links: Kuran Alois, Tahedl Adolf, Krickl Erwin und ich verstecke mich fast hinter der Tafel, Pribil Franz, Neuburger Walter, Piusn Alois.

Wir wurden zu Saufratzen und wir haben uns darüber gefreut!

Der Edenhofer Lehrer kam einmal erst in der Früh mit einem mords Rausch vom Wirtshaus heim. Er gab uns Schülern eine Menge zum Schreiben auf, setzte sich an seinen Tisch, kippte langsam nach vorne über, schlief ein und fing ganz fürchterlich zu schnarchen an. Langsam wagten wir uns nach vorn, umkreisten, immer dreister werdend, den schnarchenden Lehrer. Nun nahmen wir die Schnüre von den Vorhängen ab, banden die Füße vom Lehrer an den Tischfüßen und seinen Oberkörper am Stuhl fest.

Der Lärm im Klassenzimmer wurde immer lauter, da kam die Frau des Lehrers (die Küche war nebenan), sah die Bescherung und mit kräftigem Schütteln weckte sie ihren Mann. Der wollte gleich hochspringen – aber es ging nicht – er war ja am Tisch und am Stuhl festgebunden.

Nun rief er mit seiner festen Stimme: „Saufratzen schaut's daß hoam kemt's.“

Dieser Lehrer war bei den Kindern sehr beliebt!

Als ich einem dieses Bild zeigte und fragte: Kennst da jemand drauf?, meinte er: „Nur den Pfarrer, weil uns der immer so hergehaut hat.“

Jahrgang 1929/30.
Obere Reihe von links: Anna Sitter, Hilde Razisberger, Anna Selbitschka, Luise Pribil, Erwin Strunz, Anna Selbitschka, Marie Pribil, (Wilhelm) Reichhard (?), Anna Tahedl.
Mittlere Reihe von links: Erika Schreib, Waltraud Graf, Maria Tahedl, Anna Schreib, Ilse Pribil (Bott), Ilse Reichhard, Rosa Kollenberger.
Untere Reihe von links: Rudolf Pribil, Franz Treml, Franz Krickl, Alois Seewald, Josef Tahedl, Erwin Strunz, Selbitschka (?), Pfarrer Wenzl Schmidt.

Erstkommunion mit Scheurecker Kindern, Pfarrer Wenzl Schmidt, Lehrer Emil Spitzenberger und die „Julie“, so wurde sie genannt, die Handarbeitslehrerin.

Erstkommunion 1938
mit Pfarrer Wenzl Schmidt,
Frau Bransch(in)
und wieder d' Julie.

Scheurecker Schulkinder beim Schulausflug zum Dreisessel.

Doppelhochzeit in Heinrichsbrunn. Der Metzger Hansl aus Fürstenhut und der Prager Josef aus Heinrichsbrunn heiraten zwei Schwestern aus Heinrichsbrunn.

Der Treml Willi heiratet die Poitl Frieda.

Die Hochzeit meiner Eltern Karl und Marie Keusch, geb. Treml.
Stehend von links: Metzgerin, Fini Treml, Metzger Annerl, Peperl Paula, Willi Treml, dahinter Xoiverl Lukas, Xoiverl jun., d' Metzger, halb verdeckte Frau unbekannt, Karl Keusch der Bräutigam, Razisberger (?), dahinter unbekannt, die Braut (meine Mutter), Lehrer Edenhofer, davor Becker Luise, d' Rudolf von der Böhmseitn, zwei Frauen mit Kopftuch – Schwestern von der Treml Oma, daneben der Theo Treml und darüber Ella Treml.
Sitzend von links: Richard Keusch, die Frau und der Mann unbekannt, Ewald Treml, Treml Oma, Alfons Treml, d' Peperl von der Böhmseitn, unbekannte Frau und Heinrich Keusch.

Heuernte beim „Hastalikn“ in Scheureck.

Bei der Heuernte mußte auch die Frau mit der Sense ihren „Mann“ stehen. Hier die Pöschl Lore.

Und hier beim „Hastalikn Emil in Scheureck“.

D’ Howan-Stompfa vom Hastalikn.
Der Hafer war das Getreide, das in dieser Höhenlage noch wuchs. Damit es vom Vieh, vor allem von den Pferden, gut verdaut wurde, kam der Hafer in den „Stampfer“ und wurde zu Brei gestoßen.

Heuernte beim Kajetan Otto. Von rechts: Kajetan Otto, seine Mutter, seine Frau und Tochter Marie. Sitzend: Sohn Otto und 's Heymerl Reserl (Ottomar Schmid).

Schweinezüchter

Wenn ich an die Kirchweih denk, fallen mir auch die Schweine ein, die es dort vom „Nebl aus Wallern" zu kaufen gab. Kleine Ferkelchen waren es, die für den Festbraten rund und fett gefüttert wurden.

Einer hatte einmal ein besonderes Glück mit seinen Schweinen. Groß und rund und fett – sie waren sein ganzer Stolz. Ja, er ließ sich sogar inmitten seiner Schweine fotografieren.

Am Stammtisch konnte jeder seine Schweine bewundern. Auch dem Pfarrer zeigte er das Bild. Der schaute das Bild lange an, sagte aber kein Wort. Daraufhin meinte der Bauer: „Na, Herr Pfarrer, do is doch oa Sau größer wia die andre und der mit'n Huat, des bin i!"

D' Hammer Luise vor ihrem Haus in Hüttl.

Beim Nader in Scheureck (19).

Ein Sonntagsausflug zur Scheurecker Schwelle. Die Familie Nader ist mit den Fahrrädern dabei.

Da konnte man gar nicht so tief im hintersten Wald wohnen, daß man hierzu nicht gefunden und geholt wurde. Ob es bei den Österreichern war – bei den Tschechen oder den Deutschen.

Musterung bei den Österreichern.

Eingezogen zum tschechischen Militär.

Tauglich zur Deutschen Wehrmacht.

Stehend: Franz Baier, Erwin Fastner, Paul Selbitschka, Hopfinger Adolf, Josef Seewald. Sitzend: Pöschl Erwin, Kufner Alexander, Harant Karl, Krickl Adalbert.

germeister als Amtsperson dabei sein.
Stehend von links: Schwarzschädl Poidl, Kubitscheck Stefan, unbekannt.
Sitzend von links: Bürgermeister Wolf, Schreib Adolf.

Der Piusn Fritz.
Ein fleißiger und anhänglicher Arbeiter. Er schrieb uns im Krieg jede Woche einen Kartengruß! Leider hat er die Heimat auch nicht mehr gesehen.

Heinrich und Franz Baier aus Hüttl.

Leirich Stefan und Seewald Seppei.

Emil Kollenberger

Peschl Erwin, auch ihm war es nicht mehr vergönnt die Heimat wieder zu sehen.

Emil Harant

Totentafel in der Kirche Finsterau

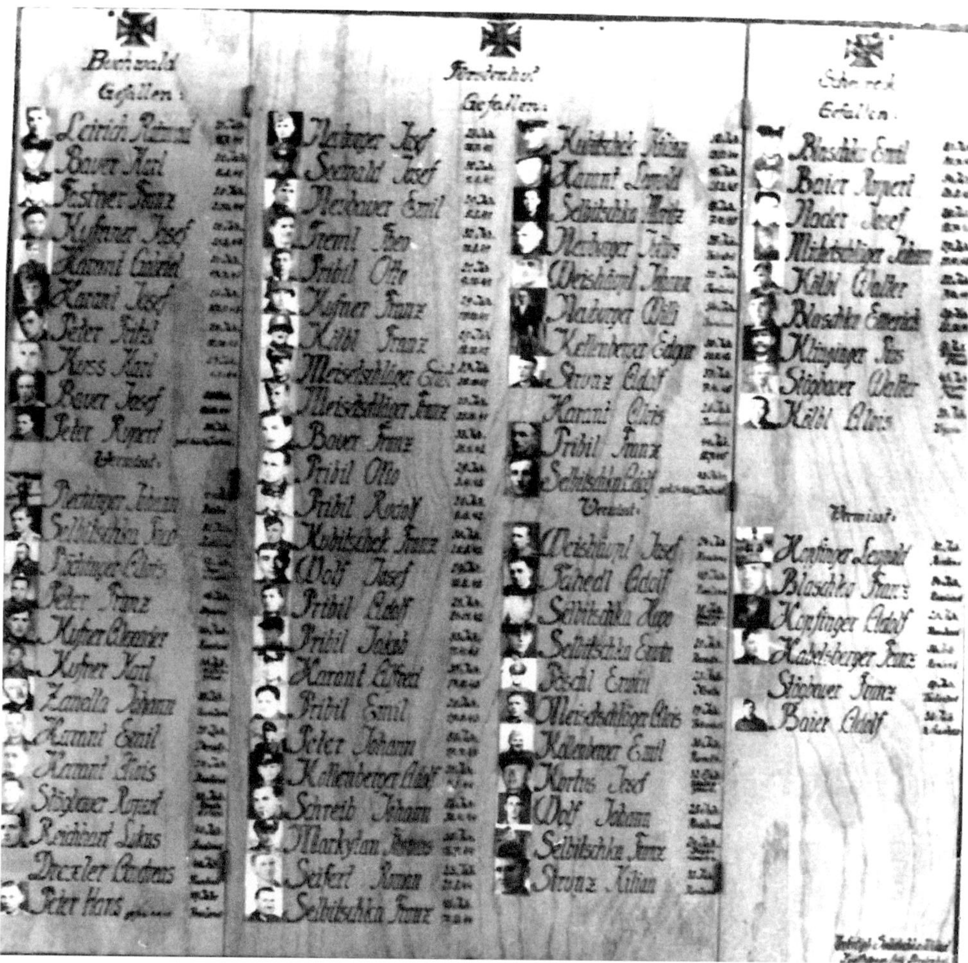

Unglaublich hoch war der Blutzoll, den so eine kleine Pfarrgemeinde leisten mußte. Im 1. Weltkrieg waren es über 40 Männer, im 2. Weltkrieg über 80 Männer, die ihr Leben lassen mußten. Darunter waren junge Burschen, ja fast noch Kinder, bei denen das Leben kaum begonnen hatte. Alles was blieb, war der Name und ein Bild auf einer Tafel in der Aussegnungshalle in Finsterau.

Hier kann man nur noch die Verse des bekannten Liedes zitieren:
Über Gräbern weht der Wind,
sag mir wo die Soldaten sind,
wo sind sie nur geblieben.
Blumen blühn im Sommerwind,
Wann wird man je verstehn.

Diese Tafel hat dankenswerterweise Michael Selbitschka in Brandmalerei zu Ehren der Gefallenen angefertigt.

Eine lustige Gesellschaft im Jahr 1911. Vor der Kirchentür ließ es sich auf den Stufen leichter fotografieren.

Von links: tschechischer Finanzer Urbaneck, Adolfine und Edi Strunz, Steffi Körpert, unbekannter Finanzer, ein Sommergast, Franz Kölbl, Rosa Kölbl, Wenzel Soukup, Finanzer Reischl.

Die Schmugglerinnen

Meine Tante Fini wurde einmal mit ihrer Cousine, der Körpert Ella aus Wien, beim Schmuggeln erwischt. Beide wurden nach Mauth gebracht und im 1. Stock über dem Polizeibüro eingesperrt. An ein Entrinnen war nicht zu denken – der Jammer war groß.

Bei Nacht klopfte es ans Fenster. Nach dem Öffnen des Fensters war die Überraschung noch größer. „Grenzer“ (Polizeibeamte), die die beiden Mädels gut kannten, holten zum Befreiungsschlag aus.

Mittels einer Leiter holten sie die beiden herunter, ließen die Leiter verschwinden und brachten die Mädels sicher über die Grenze nach Hause.

Am nächsten Tag konnten sich alle, einschließlich der Täter, nicht genug darüber wundern, wie eine Flucht von da oben möglich war. Es blieb ein Rätsel, über das nur heimlich gelacht werden durfte.

In der Wirtsstube beim Kölbl.
Von links: Heger Heinzl, Kölbl Anna, Josef Seewald; Marie Kölbl, Pribil Franz sen., Pribil aus Ferchenhaid, Kölbl Therese, Posterer Josef, Pfarrer Wimmer, Kölbl Anna, Kölbl Wenzl (stehend) Heger von Scheureck und in der Bildmitte am Faß sitzend Kölbl Alois.

Von links: Die Treml Mutter mit ihren hübschen Töchtern Rosa, Fini und Marie. Sitzend: Finanzer Köberl und der Eder Max. Alle übrigen sind unbekannt, nur der Ewald schaut noch durch das Fenster.

Beim „Rudolfn“ auf der Böhmseit'n.

Beim Hastalikn in Scheureck. Von links: d' Hastalik, d' Franzerl, Frau Valenta, d' Julie, unbekannte Frau, d' Ida, das Kind die Irene, hinten: d' Hastalikin, d' Rosa, und 's Fannerl.

Fam. Sitter aus Buchwald.

Da fragte ich meine Schwester – „kennst Du jemand auf dem Bild?" „Ja", meinte sie: „Rechts das ist der Metzger und links das ist der Tausendluiger von Heinrichsbrunn – aber sagn derfst des nicht, daß ich des gsagt hab."
(Ich sags ja auch nicht, ich schreibs ja nur).

Von links: Rosa Wolf (Honsmichl Hansei), Marie Pribil (Honsmichl Seppn), Gusti Pribil (Piusn Adolf), Wilhelm Pribil (Honso Pepal). Unten: Ilse Bott (Pepal Ilse), Alois Pribil (Piusn Adolf Alois).

Die Treml Mutter mit ihren Kindern – nur die Fini fehlt. Von links: Alfons, Willi, Franzl, Ewald, Theo. Sitzend: Marie, d' Treml Mutter, Rosa und Ella.

Die Pralinenschachtel

Mein Onkel Franz hatte einmal eine Freundin aus Winterberg. Die Hutmacherin „Antschi", die immer sehr schick gekleidet war. Als sie einmal zu Besuch kam, brachte sie eine riesige Pralinenschachtel mit. So etwas Großes hatten wir noch nicht gesehen. Auf jeder Lage waren weit über hundert Pralinen und zwei Lagen hatte die Schachtel.

Der Onkel ging mit der Antschi auf den Lusen. Uns hat die Pralinenschachtel interessiert – wann bekam man damals schon Pralinen! Wir haben die Schachtel gesucht – gefunden – angeschaut – gestreichelt – ein wenig aufgemacht – ganz aufgemacht. Als der Inhalt in seiner Pracht vor uns lag, gab es kein Halten mehr. Wir stürzten uns auf die Pralinen. Aber die schönen Papiere, in die die Pralinen verpackt waren, mußten fein säuberlich aufgehoben werden.

Nach der ersten Lage konnten wir kaum noch essen. Wir mußten aber ganze Sache machen und so blieb auch nicht eine Praline übrig. Nun wurden aus getrocknetem Torf Stücke geschnitten, die meine Tante Ella als „Torfpralinen" schön verpackte.

„Pfui Teufel", sagte mein Onkel am nächsten Tag als er die erste Praline probierte und spuckte sie aus. Als er feststellen mußte, daß nur Torf und nicht eine Praline mehr da war, meinte er bescheiden:

„De Luada ham alles aufgfressn, wenigstn's oani hätt'ns ma lassn kinna."

Ganz schön groß waren die Familien. Acht bis zehn Kinder waren keine Seltenheit. Hier der Michei-Michl mit seiner Familie.

Familie Michael Selbitschka, Fürstenhut.
Vorne: Rosl, Helmut, Traudl.
Mitte: Hubert, Moritz, Edi, Annerl.
Hinten: Hilda, Mutter Marie, Vater Michl und Elsa.

Bei meinen Unterlagen steht: Familienbild von Josef Pribil (Honso Pepal). Das glaube ich einfach nicht. Die Familien waren zwar groß bei uns – aber so groß auch wieder nicht. Ich mein, daß da die ganze Verwandtschaft bis von Amerika beim Honso Pepal auf Besuch war.

Jordan und Marie Strunz mit Sohn Erhard. Der Kleine ist vom Gschiwei – Tahedl Adolf Zweihäuser (Nr. 4).

Das Gewitter

„Karli, gehst du heit mit mir „Weda macha?“ (Gewitter machen), fragte mich Otto, unser Hüterbub.

Da war ich natürlich sofort dabei, denn Gewitter machen, das war was Neues, das kannte ich noch nicht.

Als es dunkel war, gingen wir zum Nachbarn. Dort wohnten im Austragsstüberl auf der Nordseite des Hauses zwei alte Leute, der Seppei mit seiner Frau. Das Haus stand leicht am Hang. Das Fenster war mit der anschließenden Wiese auf gleicher Höhe. Im Raum war es dunkel, die Fenster waren leicht geöffnet und wir konnten gerade noch erkennen, daß der Seppei mit seiner Frau am Bett saß.

Da bekam ich vom Otto eine Taschenlampe mit der Anweisung: „Du muaßt ganz kurz in de Stub'n einileichtn und geh ja af d' Seitn, daß di net seh'n.“ Ich ließ den ersten Lichtschein, sprich Blitz, durchs vorhanglose Fenster und Otto schlug auf eine mitgebrachte Blechplatte.

Durchs offene Fenster hörten wir zweistimmig: „Hee . . iif uns Goood – blitzn duats.“

Da ließ ich's gleich dreimal „blitzn“, weil's so schön war. Nach 20 oder mehr „Blitz-Donner und he . . iif uns Good . . .“ haben wir das „Weda-macha“ beendet.

Der Kleine, der sich hier schon als Hüterbub versucht, ist der Horst Diefenbach. Einer von der großen Verwandtschaft des Honso Pepal.

Der Poitl Wilhelm Poitl. Mein Freund, der mit mir immer Kühe hütete. Hier sind wir auf dem Lusen.
Poitl gehörte mit zum letzten Aufgebot und kam nicht wieder aus dem Krieg zurück.

Zwei Bauernjäger, so haben wir sie genannt.
Josef Seewald und Josef Nader.

Vier Holzhauer. Von links: Adolf Schuster, Peter Luisl Adolf, Kajetan Otto und Schuster Hansl.
Der Kajetan Otto muß einmal ein schönes Jugenderlebnis gehabt haben, denn er sang öfter von einer Frau die hatte: „Ein Rockerl ein braun gestreiftes, weiße Strümpf und die Schuah und a wachsblonde Gretlfrisua . . .“

Zweimal die Fam. Hedwign Isidorn Franzl.

Fastner Erna und Harant Alois.

Zuerst wollte der Junior nicht wachsen, dann hat er den Vater überholt. Von links: Mutter Aloisia, 's Annerl, d' Franzl und der Vater Franz Strunz.

Ob „Klein“ oder „Groß“, die Damen haben sich immer schon gern fotografieren lassen.

Von links stehend: Selbitschka Paul, Fastner Oskar, Leirich Leo, Welk Irene, Selbitschka Erika, unbekannt. Von links sitzend: Plechinger Elli, Bauer Maritschl, Selbitschka Kurt, Zanella Herta, Plechinger Marie, Zimmer Emil.

Er fühlt sich jetzt schon ganz als Casanova.

Summer Ferdl und d' Summer Leo – beide waren fleißige und zuverlässige Arbeiter auf der Treml-Säge. Und beide waren auch einmal Bürgermeister der Gemeinde Buchwald.

Die Zigarre

Ein Bürgermeister ist beim Bezirkshauptmann.

Der Bezirkshauptmann unterhält sich ganz leutselig mit dem Bürgermeister über alles. Dann zieht er gönnerhaft sein Zigarrenetui hervor und bietet seinem Gast eine teure Zigarre an.

Ganz große Augen bekommt der Bürgermeister und bedient sich mit den Worten: „Ja i bi so frei" und stellt sich im Geiste schon vor, wie er mit dieser Zigarre am Stammtisch vor dem Lehrer, Pfarrer und Förster angeben wird.

Als ihm der Bezirkshauptmann auch noch Feuer reicht, meint der Bürgermeister: „Na, Herr Bezirkshauptmann, de rauch i jetzt ned, de rauch i erst, wenn i in oana bessan Gsellschaft bi."

Beim Hastalikn. An „Ratsch“ hat es immer schon gegeben.

Briefträger Josef Selbitschka mit Frau und Sohn.

Auf der Tremlsäge.
Links: d' Ella mit Tochter Gudrun. Rechts: d' Liesl mit Sohn Franzl, vorne: s' Hedwign Annerl und d' Neuburger Erna mit dem Kind Ingrid. In der Mitte stehend das bin ich als Student.

„Die Liebestragödie“

Deutsch-Professor in der Handelsschule war Arnold Aschenbrenner. Wir nannten ihn nur „da Noldi“.

Sein „Liebesglück“ suchte er mit wechselndem Erfolg bei einer sehr attraktiven Frau. Diese wurde allgemein nur „die Christl“ genannt. Professor Aschenbrenner trug in Literatur über die „Liebestragödie“ die Sage von „Tristan und Isolde“ vor. In der Klasse war es nicht ganz ruhig. Da rief der Spitzenberger von einer der hintersten Bänke zu mir vor: „Du, Keusch, von woos trogt er denn heit vor?“

Ich drehte mich um und rief in die Klasse: „Von da Liabstragödi, von da Christl und vom Noldi!“

D' Rudolfn Franz als Forstbeamter unterwegs in den verschneiten Wäldern um Fürstenhut.

Sepp und Josefa Seewald.

Der „Hodalump'n-Franzei"

Der „Hodalump'n Franzei" war bei uns auf der „Steer". Es gab ja keine Altersheime. Bei Sozialfällen bestimmte die Gemeinde, wie lange der Gemeindearme von den einzelnen Häusern beherbergt und versorgt werden mußte. Also der Franzei war wieder einmal ein paar Tage bei uns. Er hatte einen Klumpfuß, an den kein Schuh paßte. Er umwickelte ihn mit Lumpen, daher sein Name „Hodalump'n-Franzei".

Zwei Pfeiferl, die wir hatten, konnte der Franzei nicht leiden. An den Pfeiferln war oben ein Hahn und wenn man hineinblies, kam ein „Kikeriki" heraus. Mit diesem „Kikeriki" glaubte der Franzei, verspotteten wir ihn. Er lief deshalb immer mit seinem Stock hinter uns her. Durch seinen behinderten Fuß hatte er gegen uns keine Chancen. So wartete er hinter einer der Türen auf uns. Die Stube war 12 m lang und hatte zwei Türen. Nun spielten wir Hase und Igel mit dem Franzei. Hinter jeder Tür stand einer von uns. Durchs Fenster konnten wir sehen, an welcher Tür der Franzei war. Die gegenüberliegende Tür wurde aufgemacht und das „Kikeriki" hineingeblasen. Franzei rannte durch die Stube. Da kam das „Kikeriki" von der anderen Tür – Franzei machte kehrt – zurück zur Tür – und wieder „kikeriki" von hinten – und so weiter, und so weiter. Das ging stundenlang so.

Franzei war außer sich vor Wut. Da kam das Xoiverl „Kadei". Wir bliesen im Vorhaus „Kikeriki" – Kikeriki". Hinter der Tür stand der Franzei mit erhobenem Stock. 's „Kadei", nichts Böses ahnend, machte die Tür auf und ging in die Stube – aber nur einen Schritt.

Der Stock vom Franzei sauste auf ihren Kopf und 's „Kadei" lag auf der Türschwelle und die Beule auf ihrem Kopf wuchs und wuchs.

Der Franzei bekam von der Tremlmutter (meiner Großmutter) eine fürchterliche Abreibung und wir sind ganz schnell verschwunden.

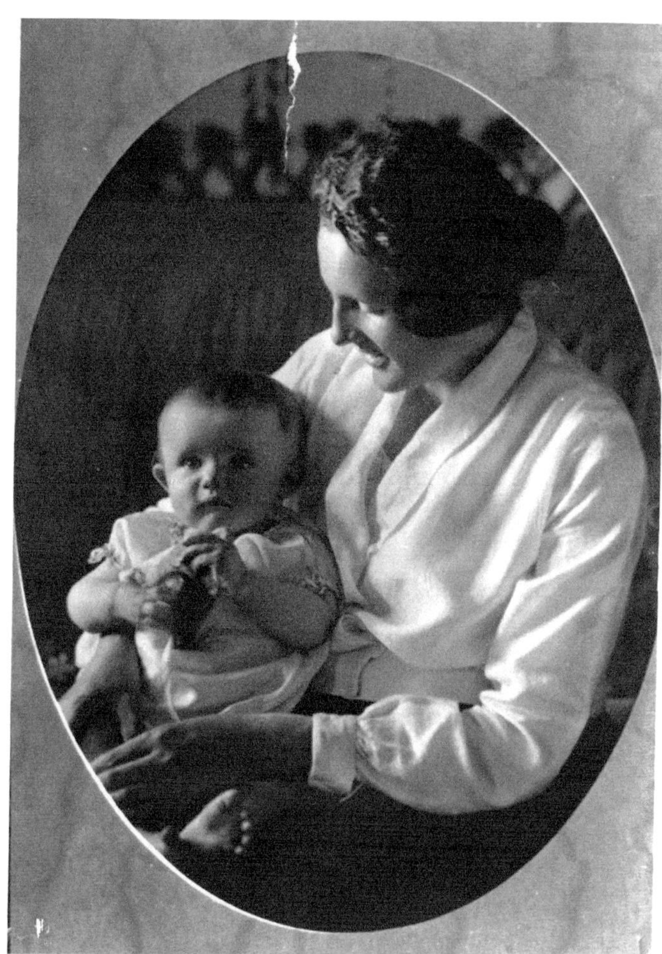

Links meine Eltern Karl und Marie Keusch. Rechts meine Mutter. Das Kind auf beiden Bildern ist meine Schwester Trude.

1942 bei Richterschneider in Buchwald.

Das Gebäck der Frau Förster

Meine Mutter war einmal von der „Frau Förster" eingeladen. Ich war damals vielleicht vier Jahre alt und durfte mitgehen. Es wurde uns so schönes Gebäck angeboten, daß mir gerade das Wasser im Munde zusammenlief. Obwohl diese herrlichen Sachen dauernd angeboten wurden, war ich so schüchtern, daß ich mir auch nicht ein Stück zu nehmen getraute. Aber ich sah, wo die Vorratskammer war. In einem unbemerkten Augenblick war ich drin und steckte mir die Taschen voll mit dem schönen Gebäck.

Nur die Flucht ist mir nicht mehr gelungen. Mitsamt meiner schönen Beute wurde ich erwischt.

Der Treml Opa, der leider viel zu früh verstorben ist

Die Treml-Oma – sie wurde allgemein nur die Treml-Mutter genannt.

D' Franzerl oder d' Hastalikn Franzerl, so wurde er genannt, der Dr. Franz Habelsberger, Bürgerschuldirektor in Wien, Dr. der Chemie und Physik. 1945/46 war er Schulrat im Landkreis Wolfstein. Dort hat er vielen Heimatvertriebenen, vor allem mit Registrierscheinen geholfen – mir auch – danke, Franzerl!

Der Katherl Peppi als Helfer in der Not. Einem Motorradfahrer, der vom Winter überrascht wurde, brachte er das Motorrad mit dem Schlitten nach Ferchenhaid.

Drei Generationen. Der Kajetan Otto mit Mutter und Sohn.

Die Handschuhe

Der Franzl von der Böhmseit'n sagte zu seinem Vater: „Voda i brauch a paar Handschuah."

Der Vater: „Nix brauchst, steck deine Händ in Toschn."

Am nächsten Tag war es bitter kalt. Der Franzl hat rot und blaugefrorene Hände, aber die Hände steckte er nicht in die Tasche. Zu sich murmelte er: „Recht muaß mi friern, ganz stoak muaß mi friern, warum kaf'n s' mir koani Handschuah."

Rechts: Raimundn Adolfn Adolf und ein Adlhartn Bua.

Theo Selbitschka und Karl Leirich.

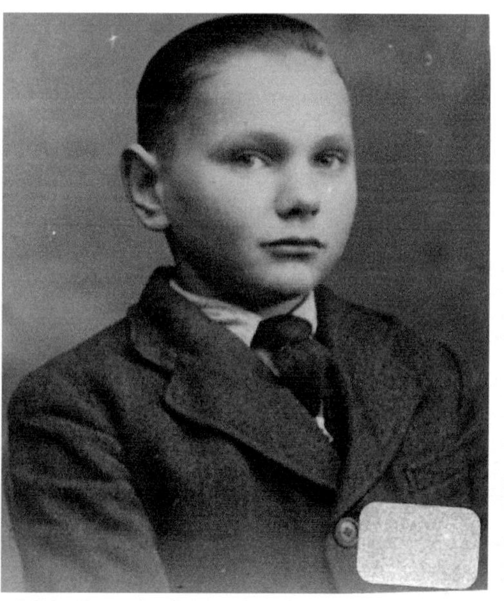

Mein Freund „d' Franzl" oder auch „Pippin" genannt. Franzl war damals noch ein wenig zu kurz. Als wir in der Schule über Karl den Großen und seinen Vater „Pippin den Kurzen" sprachen, hatte Franzl den Spitznamen weg.

Mit allem woran man Freude hatte, ließ man sich fotografieren . . .

. . . mit den Fahrrädern.

Anna Nader und Elsa Baier.

Erich Baier, Alois Kölbl und Rudolf Blaschko.

. . . mit Mantel und Ski.

Adolf Hopfinger

. . . gestiefelt und gespornt.

Peter Alfred

. . . mit der Puppe und dem Kinderwagen.

Adolf und Anna Nader und Elsa Bauer.

. . . mit der Ziehharmonika.

. . . mit den Holzschuhen beim Kühe hüten.

Marie Bauer und Anna Fuchs aus Hüttl, Erna Razisberger aus Finsterauer-Reuten beim Hüten auf der Hüttler Hutweide.

. . . mit dem Stier.

Adolf Bauer

Und Mädchen gabs in Hülle und Fülle . . .

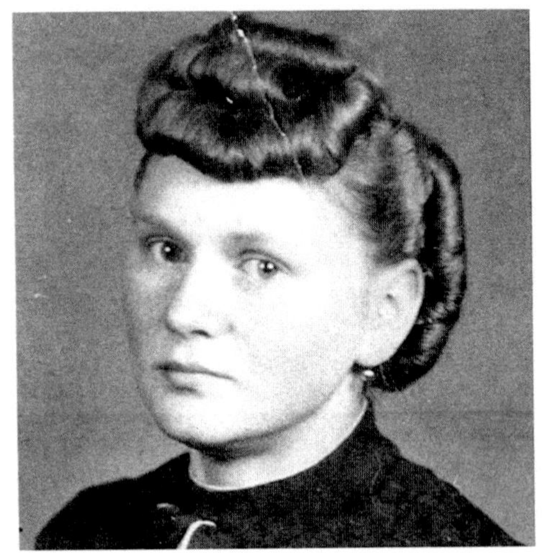

Annerl Strunz

Maria Bauer

. . . von denen man nur eine

kleine Auswahl

bringen kann . . .

Annerl Kollenberger

Katherl Peppi Frieda

. . . schon deshalb hätte der Böhmerwald besiedelt werden müssen, wenn er nicht schon voll Leben gewesen wäre.

Kuß Adolfine

Fuchs Anna

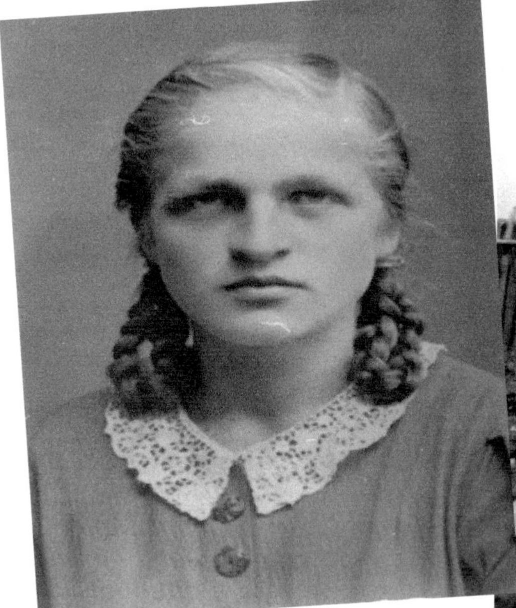
Harant Marie

Schreib Maritschl, Strunz Annerl, Krickl Franziska.

Seppei Elsa

Frieda Krickl

Fastner Frieda

Da gabs auch für den härtesten Junggesellen . . .

Fastner Elsa, Plechinger Marie (Liesl Marie)

Plechinger Elli und Marie (Liesl Marie)

Schreib Maritschl

Baier Marie

Elsa Nader

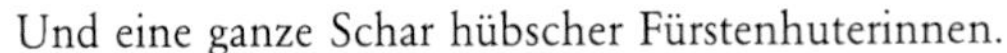

Und eine ganze Schar hübscher Fürstenhuterinnen.

. . . kaum ein Vorbeikommen!

Neuburger Erna mit Horst Treml

Harant Frieda

Kuran Elsa
Hedwign Annerl
Seppei Elsa

Die Wespen auf der Tenne

Mit meinem Luftdruckgewehr haben wir viel Unfug getrieben. Am liebsten aber hätten wir auf die Wadl der Frauen geschossen. Das ging nicht – die Durchschlagskraft der Kugeln war zu groß.

Nach einiger Überlegung hatten wir die Lösung gefunden.

Aus Kartoffelscheiben wurden mit einem Gänsefederkiel kleine Scheibchen gestochen, die genau in's Gewehr paßten.

Von der Tenne führte eine Treppe in den Hausflur. Dahinter war ein dunkler Raum. Von dem aus konnten wir Hausflur und Treppe gut übersehen. Die nahe Kreissäge machte soviel Lärm, daß kein Schuß zu hören war. Ein idealer Platz. Noch dazu waren immer Leute unterwegs, so daß wir uns die Wadl aussuchen konnten.

War ein Wadl im Visier – abgedrückt – ein „Aaua" sagte uns – getroffen.

Am Fuß blieb ein roter Fleck und ein wenig Feuchtigkeit von der Kartoffel, die aber niemand beachtete. Kommentar der Getroffenen: „Do oben san Wespen, mi hot heit scho wieda oani gstoch'n."

Von links: Schreib Maritschl, Harant Marie, Harant Elis, Franziska Krickl, Strunz Marie (Dreihäuser), Strunz Annerl.

„Das Schönste sucht er auf den Fluren, womit er seine Liebe schmückt."
Was sucht er dann wenn Winter ist? Der Dichter hat nicht an den Böhmerwald gedacht. Denn im Böhmerwald war mitunter ein halbes Jahr Winter.

Die Friedl und die Rosl.

Oh, daß sie ewig grünen bliebe, die schöne Zeit der jungen Liebe.

Geballter BdM-Charme.
Von rechts: Kajetan Marie, Lukassn Michl Marie. Von links: Katherl Peppi Frieda.
Die andern beiden sind unbekannt.

Zu den vielen hübschen Mädchen kam noch die große Konkurrenz aus den bayerischen Nachbarorten hinzu. Die Orte waren ja nur wenige Kilometer voneinander entfernt.

Zwei Schwestern aus Heinrichsbrunn, die nach Fürstenhut geheiratet haben.
„d'Micheilin" und „d' Metzger Paula".

Gruppenbild vorm Gasthaus Kölbl (Neubau).
Von links: Kuran Julius, Soukup Wenzl, ein Tourist, Soukup Augustine, Rosa Kölbl, Franz und Otto (Kinder), zwei Touristen (hinten), Kölbl Marie, ein Tourist, Kölbl Alois, Finanzer Kubat, Kölbl Alois jun. und ein Tourist.

Die Musikkapelle Fürstenhut.
Von rechts: Meisetschläger (Liebreich – Tenorhorn), Strunz Johann (Schuster Johann – Klarinette), Strunz Franz (Schuster Johann – Trompete), Meisetschläger Hermann (Klarinette), Meisetschläger Johann (Zimmermeister) – Tenorhorn), Strunz Hermann (Hansei Hermann – Große Trommel), die übrigen sind leider nicht mehr bekannt.

15. 8. 1927. Fünfzig Jahre Freiwillige Feuerwehr Fürstenhut.
Obere Reihe von links: Poitl Wilhelm, Katherl Peppi, Schwarzschel Poitl, Schmid Ottomar, Hansl Johann Adolf, Schuasta Girgl Julius, Ondrel Johann, Oiti Schuasta Johann.
Mittlere Reihe von links: Metzger, Widn Julius, dritter unbekannt, Hedwign Isidorn Franzl, fünfter und sechster unbekannt, Tahedl Adolf, Kajetan Otto, Razisberger Peter, zehnter unbekannt, Gschimichl Lukas und der letzte wieder unbekannt.
Vordere Reihe von links: Peterl Johann, die nächsten drei nicht bekannt, Wimmer Pepperl, Ernes, Homa Josef, Baier Wenzel, Hansl Johann, Hanslikn Johann, Hans-Michl-Hansei, letzter unbekannt.
Liegend von links: Homa Pepperl, Hugo und Willi Treml

Theatergruppe Fürstenhut.
Stehend von links: Nachtwächter unbekannt, Treml Theo, Aloisia Strunz (Hedwign), mit Uniform unbekannt, Treml Willi, Lehrer Kufner, Tahedl Hugo, Frau unbekannt, Treml Franzl, Hedwign Franzl.
Knieend: Heinzl Johann, Kubitscheck Josef, Schrankn Franzl.
Liegend: Kölbl Alois, Pribil Hermann.

Nun sind wir, liebe Leser, am Ende des Buches angelangt. Ich hoffe, es waren angenehme Stunden die wir zusammen verbringen konnten, wobei ich bestimmt so manche Erinnerung wecken und teils auch Informationen geben konnte.
Dank sagen will ich allen, die mir bei der Erstellung des Bandes in irgend einer Form geholfen haben, sei es durch Bereitstellung von Bildmaterial, von Textbeiträgen, Kartenmaterial u. a.
Dem Morsak Verlag sei gedankt für die Drucklegung des Werkes und die Aufnahme in sein Verlagsprogramm.
Ich wünsche allen, die sich mit dem Bildband und dadurch mit unserer Heimat, dem Böhmerwald, befassen, Freude an dem „Besuch" der alten Heimat.

Karl Keusch